人生が劇的に変わる
「瞬読式」時間術

山中恵美子

三笠書房

まえがき

昔、漫画『ドラえもん』で「三倍時間ペタンコ」というアイテムが登場しました。それは、時計盤を模したシールで、それを腕にペタンと貼るとその人の脳や体の動きは3倍速になり、まわりの人の動きがスローモーションに見えます。

3倍速になれば、勉強もめちゃくちゃはかどって、好きなことがいっぱいできるのに、と幼な心に思ったものでした。

『ドラえもん』はフィクションですが、この「三倍時間ペタンコ」を実現するのも夢ではない方法が本書にあります。

私は、個別指導塾から予備校まで経営するかたわら、「瞬読」という独自の読書法を編み出しました。瞬読の関連本はベストセラーになり、講座も頻繁に開いています。また、通信制高校ＥＭＩ高等学院、ＥＭＩフリースクール、ＥＭＩメタバーススクールを開校するなど、年々仕事量は増えています。

それでも、その合間に旅行にも行きますし、歌舞伎やライブを観に行くなど、自分の好きなことにも思う存分時間を使っています。

今でこそ自分の時間をしっかり持てるようになりましたが、実はかつては仕事に忙殺される毎日でした。そんな私がいかにして時間を生み出せるようになったのか。本書では、「瞬読」の考え方をベースに、仕事を最短でこなし、より多くの成果を上げ、自分の自由時間を増やす方法をご紹介します。

ここに書かれていることを一つでも実践すれば、仕事や勉強がいつもよりずっと短い時間ですむことに気づくと思います。目指すのは、みなさんの24時間が72時間……とまではいかなくても、48時間ぐらいに濃密に感じられるようになることです。

ただし、ただ時間の効率化をはかることを目指しているわけではありません。何のために効率化をはかるのか。その目的を明確に持つことが重要です。

冒頭のエピソードでは、のび太は正月の休みを増やして遊ぶためにペタンコシールを使いました。しかし、あっというまに遊びに飽きて後悔します。

今、自分のやりたいことがわからなくなっている人が増えているように感じます。まず、自分がやりたいことは何か、幸せになれることは何かを自分に問いかけてみましょう。

自分の時間を手に入れるには、真の「やりたいこと」「自分が幸せになれること」から逆算して考えるのが一番です。

「忙しいから時間が欲しい」ではなく、「やりたいことがあるから時間が欲しい」と思えたとき、はじめて忙しさから解放され、自分の時間を手に入れられます。

私の場合、大切な仲間とおしゃべりしながら食事をする時間、日本中、世界中の心躍る場所へ出向き、刺激を受ける時間を大切にしています。

その時間を確保するために、集中して仕事をこなし効率化を徹底しています。

自分やまわりを幸せにするために、自分の時間を手に入れましょう。そのために「瞬読式」時間術は、きっと心強い味方になってくれます。

なお、巻末に瞬読トレーニングも収録しています。ちょっとネタバレになってしまいますが、トレーニングすることで「自分の時間」や「夢」や「成功」など、ポジティブな言葉が潜在意識に刷り込まれる問題になっています。

ぜひ楽しみながら実践していただければと思います。

山中恵美子

◎目次

CHAPTER 2

「時間泥棒」の罠にはまるな!

CHAPTER 3

必要ない仕事に「時間」をかけない

CHAPTER 4

ムダを捨て、本当にやりたいことに集中する

CHAPTER 5

あなたの大切な「自分の時間」を見直すワーク

編集協力 西山詩乃（株式会社瞬読）／大畠利恵

プロローグ

瞬読で、大切な「自分の時間」を取り戻す

みなさん、最近時間が過ぎるのが特に速いと感じませんか？

1日、1週間、1か月、1年……。

本当に、あっというまに過ぎていくイメージがあります。

時間が速く過ぎるように感じるのは、年齢とともに思考のスピードや作業の処理スピードが落ちてきているせいともいわれています。

ところが、まわりの中高生に聞くと、若い彼らでも時間が速く過ぎると感じているようです。もう、年齢は関係ないのかもしれません。

世の中が便利になりすぎて、社会全体のスピードはますます速くなっています。意識するしないにかかわらず流れてくる情報の量が増え、日々処理しなくてはならない事柄も増える一方です。

私たち現代人は、江戸時代なら学者に匹敵する情報や知識を持っているのでは

ないでしょうか？「思考の整理家®」の鈴木進介さんによると、私たちが1日に受け取る情報量は、江戸時代の1年分、平安時代の一生分といわれているそうです。1年間に受け取る量ではなく、「1日」に、です。

しかも、それらの情報や知識もすぐに古くなり、絶えずバージョンアップしていかなければ時代に取り残されてしまいます。

いうまでもなく、時間そのものの長さは変えられません。1日は24時間という条件はみな同じです。

それでは、その限られた時間の中で、仕事でも家事でも勉強でも、やるべき日々のタスクをこなすにはどうすればいいのでしょうか？

睡眠時間を削る。

それで何とか乗り切れるのは、体が丈夫な人だけかもしれません。睡眠不足で仕事でミスを連発してしまったり、授業中に寝てしまったりしたら、元も子もないですよね。

趣味の時間を削る。

うーん、それだと人生がつまらなくなりませんか？　一時的になら削ってもいいかもしれませんが、「仕事漬けの毎日」、この文字を見ただけでストレスを感じますよね。

家族や友人と過ごす時間を削る。

これは、絶対におすすめしません。こんな大切な時間を削るくらいなら、仕事の時間を削るべきです。上司に叱られてでも、家に飛んで帰ってほしいくらいです。

これらの大切な時間を削らなくても、時間を生み出す方法があります。

それが「『瞬読式』時間術」です。

瞬読は速読の一種ですが、ただ本を速く読むだけの速読術ではありません。書くことも聞くことも理解することも、すべてをスピードアップできるメソッドです。

「速読と時間術は関係ないのでは？」と思う方もいらっしゃるかもしれませんが関係大ありです。瞬読によって「脳の情報処理能力のスピードアップ」ができれば、次のようなことが可能になります。

- あらゆる作業をスピードアップできる
- ムダなもの、ムダな時間への嗅覚(きゅうかく)が鋭くなる
- 物事の本質を見きわめられるので、すぐに問題を解決できる
- 臨機応変に対応できるので、作業を前倒しできる
- 優先順位を瞬時につけられるので、作業のムダがなくなる
- 決断が速くなり、迷いがなくなる
- コミュニケーション力が高まり、人間関係のトラブルが減る

これらの総合力で、限られた時間を最大限、1分1秒もムダにすることなく使えるようになります。それにより「1日の時間」が増えたように感じるほどです。

また、「情報処理能力のスピードアップがコミュニケーションにどう関係するの？」と疑問に思った方、本書を読み進めていただければ、その謎が解き明かされていくと思います。

そんな今までにない時間術が、本書で紹介する「『瞬読式』時間術」なのです。

気がつけば「忙しい」「時間がない」と感じている人へ

私は、さまざまな分野で活躍されているリーダーの方々とお会いする機会が多くありますが、そのような方々にお目にかかっていつも思っていたことがありました。

たとえば、大きな会社を経営されている社長と食事をしている数時間のあいだ、私にはたびたびスタッフから連絡が入ってくるのに、社長の電話は一切鳴らないのです。仕事量は圧倒的に相手のほうが多いはずですし、抱えているスタッフも私よりはるかに多いのに、忙しくされている様子がまったくないのです。

私はといえば、会食の最中も「この食事が終わったらスタッフに電話をして、あそこにメールを送って……」などと、やらなければならないことが常に頭の片隅にあり、今、同じ場所で同じ時間を過ごしているのに、「お互いに流れている時間の差」を感じずにはいられませんでした。

また、「いつ勉強する時間があるのだろう?」と思うくらい、博識な方が大勢いらっしゃいます。大きな会社の経営者ほど分刻(きざ)みのスケジュールをこなして、自分の時間など持てないように感じます。けれども、実際には多忙な方ほど自分の時間をしっかり持っていて、読書もするし、趣味のランニングやゴルフ、釣りなども楽しんでリフレッシュされています。

夫婦で始めた学習塾の経営を軌道に乗せるまでの私は、朝から晩まで息をつく間(ま)もないぐらいに忙しい日々を送っていました。私自身も子どもたちを指導していましたし、テストの採点、チラシの作成・配布、講師のシフト作成から給与の振り込みまですべて一人で担当していました。

加えて、二人の息子の子育てや家事もあります。私がもう一人いてくれたらいいのに……と何度思ったことか。

そこで、自分の時間の使い方を見直すことにしました。

そのとき、私は気づいたのです。

目の前の仕事を懸命にこなすだけでは時間は生み出せないのだと。

時間を生み出すには、まず自分の意識を変えるところから始めないといけないのだと悟りました。

たとえば、「忙しい」「時間がない」という言葉が口癖のようになっている人は、それを次のようにいい換えてみてください。

「とても充実している」
「時間はたっぷりある」

このようにくり返し口にしていると、脳がそう理解して、時間はまだまだあるのだ感じられるようになります。**時間に対する意識が変わったとき、私たちは「自分の時間」を手に入れられるのです。**

自分が「本当にやりたいこと」に時間を使うために

「瞬読」はただの速読とは違います。

違いを一言でいうなら、「持続可能である」というところです。

瞬読は、塾に通う子どもたちの学習効果を上げる方法の一つとして生まれました。脳の潜在能力を引き出して、1冊の本が3分で読めて、なおかつ99パーセント忘れない能力開発メソッドです。

そのきっかけとなったのは、大学入試センター試験の廃止です。約30年続いたセンター試験が廃止され、2021年から「大学入学共通テスト」が始まることが決まりました。

それまでの試験はマークシート方式で、正解をより速く、より正確に導くために暗記の力が問われていました。

けれども、それでは自ら問題を発見し、新しいものを生み出す力を養うことはできません。実際に社会に出てみると正解のない問題ばかりで、自分の頭で考えながら解決策を導き出すしかないのだとわかります。そこで、思考力や判断力、想像力、表現力などが重視される試験に改訂されることが決まりました。

その方針変更を知り、「新しい受験制度に対応するには語彙力や知識量のアップが必要になる。それには本をたくさん読めるメソッドが有効だ」と考えました。

いわゆる「速読」は基本的に本を速く読むだけのメソッドで、しかも実際にやってみようとしてもなかなかできないものばかりです。「眼球を高速で動かす」といわれても、ムリですよね。眼球は自分の意思でそんなに速くは動かせません。

それに、文字を目で速く追えても、本の内容を記憶できないと意味がないでしょう。そこで、ゲーム感覚で楽しめて、本の内容もしっかり覚えられるメソッドを考えました。

瞬読のメソッドは、「右脳の潜在能力」を引き出すことを重視しています。
右脳・左脳の働きについては、みなさんも聞いたことがあるでしょう。
右脳はひらめきや直感、柔軟性や創造性、感情をつかさどるといわれています。
つまり、右脳を鍛えれば記憶力や集中力、直感力やアイデア力などが強化されていくのです。

生徒たちに瞬読のトレーニングを試してもらったところ、全員が8～10倍のスピードで本を読めるようになり、判断力や集中力もみるみるアップしていきました。その効果が口コミで伝わり、保護者の方からも「教えてほしい」と頼まれるようになりました。

一時的なブームではなく、このメソッドを身につけた多くの方が、何年も瞬読を続けています。もはや一つの読書法として定着した感じです。

瞬読を生活に取り入れると、もう一つすばらしいことが起こります。

それは、**「なくしていた自分の時間を取り戻せる」**ということです。

瞬読は本だけではなく、仕事で使う資料やメールを読むときにも、スマホで調べものをするときにも使えます。

一般社団法人日本ビジネスメール協会が行なった「ビジネスメール実態調査2021」によると、仕事でメールを処理する時間は1日で平均2時間30分もかかっているのだそうです。

「そんなに時間がかかっているの!?」と驚く人も多いでしょう。

おそらく、業務の合間にメールをチェックして返信していると、そこまで時間を取られているのだと自覚できないのではないでしょうか。**知らず知らずに時間を奪われてしまっている典型**です。

その時間を30分に短縮できれば、2時間は別の作業に使えます。8時間労働のうちの2時間は大きいですよね。それまで残業しないと終わらなかった仕事が、定時より早く片づくかもしれません。

そうして取り戻した時間こそ、自分が本当にやりたいことをするための自由な時間です。

前述したように、瞬読が身につくと脳の情報処理能力が上がります。

コンピュータのＣＰＵ（中央演算処理装置）の処理能力が２倍になれば、今までかかっていた処理が２分の１の時間でできます。

それと同じで、脳の情報処理能力が２倍になれば、仕事や家事を２分の１の時間でこなせるようになります。

仕事で使う膨大な資料があって、「これを読むだけで１時間はかかるな」とうんざりするようなときも、瞬読なら数分で読んで内容を理解できるかもしれません。私はこれを「瞬解（しゅんかい）」と呼んでいます。

また、あらゆる作業のスピードアップが可能です。「瞬聴（しゅんちょう）」で聴く力もつきますし、瞬読はアウトプットもセットにしているメソッドなので、要約力も身につき、文章もスラスラ書けるようになります。

それだけではありません。瞬読はコミュニケーション力も向上させることができます。

相手から何か質問されたら、すぐに返す。メールの返事もすぐに返す。しかも前向きなレスポンスができるので、コミュ力はぐんとあがります。

本書はこの瞬読の考え方をベースにした時間術です。

「瞬読式」時間術で自分が本当にやりたいことのために勉強を始めたり、家族と過ごすために使ったり、あなたの人生の時間を楽しいことで埋めていきましょう。

「瞬読式」時間術は、人生を楽しむために時間をデザインするメソッドなのです。

あなたは今日、どんな1日を過ごしたいですか？

精神科医の和田秀樹さんは、高齢者が人生の最期で後悔するのは次の6つだと紹介しています。

①「もっと好きなことをしておけばよかった」
②「いろいろ経験しておけばよかった」
③「自分を殺して他者に尽くしすぎなければよかった」
④「周りにもっと自分の気持ちを伝えておけばよかった」
⑤「お金の心配をしすぎなければよかった」
⑥「医者の言うことを聞きすぎなければよかった」

若い人はピンとこないかもしれませんね。

私の息子は20代ですが、やはり自分にはまだまだ先があると思っているので、普段「忙しい」「時間がない」といっている割には、非常にもったいない時間の使い方をしています。

けれども、もし自分が明日亡くなるとしたらどうでしょう？

1か月後に亡くなるのだとしたら？　3か月後、半年後ならどうしますか？

実際に先のことは誰にもわかりません。だからこそ、今この瞬間を後悔しないような生き方を意識することが大切だと思います。

スマホの画面には、バッテリーの残量が表示されています。私はそれを見るたび、「自分の人生の残り時間はどれくらいだろう」と思います。

電池マークの数字が減っていたり、赤く表示されたりして、充電がなくなっているのが視覚でわかると誰でも焦(あせ)りますよね。

私も50代に入ってから、「半分以上の充電がなくなっているようなものだな」と感じるようになりました。「あとどれくらい、自分のやりたいことができるのだろう……」と焦る気持ちでいっぱいになります。

スマホは充電すれば電池の目盛りが増えますが、人生の電池は元には戻せません。年を重ねるごとに人生の時間は減る一方です。

人生で大切なものはいろいろありますが、その中でも誰にとっても、もっとも大切なのが「時間」です。お金も、地位や名誉も、自分の時間をつくるための道具にすぎません。

"Time is money"といいますが、私はtime = moneyではなく、時間はお金よりも価値のあるものだと思っています。

最近、「タイパ」という言葉がよく使われますが、コストパフォーマンスならぬ、このタイムパフォーマンスこそ、現代では大切です。

タイムパフォーマンスとは、かけた時間に対してどのくらいの効果や満足度があったのかを指す「時間対効果」のことです。

2時間かけてつくった料理が全然おいしくなかったらタイパは低いですが、30分でつくった料理で家族全員に絶賛されたら、タイパは高くなります。

お金はもちろん大切ですが、時間という切り口で、自分の1日を見直してみると、より密度の濃い人生を過ごせるでしょう。


もしかしたら、出勤前の朝30分の犬の散歩が、自分にとっては最高の時間かもしれません。

あなたのこれからの人生に、そういう**自分にとっての幸せな時間を増やしていくのが、「瞬読式」時間術の目指すところ**です。

やはり、時間を生み出すための最終目的は、自分の人生を豊かにすることだと思います。

自分が好きなこと、ワクワクすることに時間を使えば幸福度も上がります。

自分の幸福度が上がれば家族の幸福度も上がりますし、友人にもいいエネルギーが伝わるかもしれません。

まわりがみんなハッピーになれば、自分もさらにハッピーになれます。そのように「瞬読式」時間術は世の中に幸せを循環させる効果もあります。ぜひみなさんも実践して幸せを引き寄せていただきたいと思います。

CHAPTER

1

ゼロ秒で答えを出す！「瞬読思考」

01

目指すのは、「その日の終わりに満足して眠りにつける」時間の使い方

"Syundoku" will dramatically change how you use your time!

私の考える「時間の使い方が上手な人」は、24時間を楽しく幸せな時間で埋め尽くせる人です。1日の終わりに「今日も充実していたな」と満足してベッドに入れるなら、毎日が幸せです。

どんなにたくさんの仕事をこなせたとしても、1日の終わりに「ああ、今日も仕事に追われるだけの1日だったな」と後悔しているのなら、時間をうまく使えているとはいえません。「時間に使われている」というのが、正しいかもしれませんね。

一方で、朝から晩までびっしりスケジュールが埋まっていても、「よし、今日もやりきったな」と達成感を味わえるのなら、その人は時間の使い方の達人です。

つまり、同じ状況でも、忙しいと感じるか、幸せと感じるかで、時間の価値は変わるものなのです。

いきなり精神論のような感じですが、**時間を味方につけるためには、時間との向き合い方を変えることが大前提**です。

たとえば、週末を利用して資格の勉強や、仕事の資料を読もうと思っていたとします。

ところが、いざ週末になってみると、予定外の家族の用事が入ったり、部屋の中が気になって片づけを始めたり、子どもの習い事の送り迎えをしたりしているうちに1日が終わってしまった、というのはよくある話です。あるいは、平日の激務で疲れ果ててお昼過ぎまで寝てしまったり、ドラマを一気見したり、何時間もスマホで動画を見続けたり……。

そして、日曜の夜に「忙しくしていた割に、何もできなかったな」「やりたいことがあったのに全然手をつけられなかった」とため息をつく人も多いかもしれません。

私はそういう話を聞くたびに、「それでいいのでは?」と感じます。

何もできなかったと感じていても、その日1日にやったことを思い出してもらうと、みなさん充実した時間を過ごしていたことに気づきます。

「部屋の片づけなんかしている場合じゃなかった」と落ち込むのではなく、「これだけすっきり片づけたんだから、仕事がはかどるぞ!」と自分をほめて気持ちよく1日を終えましょう。

「仕事で疲れきっていて、一日中だらだらしていた」という人も、落ち込む必要はありません。質の高い仕事をするためには休息をとるのも大事です。「ゆっくり休養にあてることができた」と考えれば、とても有効な時間の使い方ではないでしょうか。

人生の目的はタスク、つまり作業をこなすことではありません。

タスクのために時間を使うのではなく、自分のために時間を使うのだと思えば、休日に一日中休息していたとしても罪悪感は生まれないでしょう。

私も休息はしっかりとりますし、「リフレッシュデー」と決めた休日は、思いっきり楽しむ日にします。友人とランチをする予定があるときなどは、「お昼ご飯をゆっくり楽しんで、帰宅は夕方になるから、晩ご飯は簡単にソーメンにしよう」と、とことん手抜きもします。

私にとって「明日も仕事があるのに疲れるまで遊んでしまった日」ではなく、「超充電できた、最高の1日」です。「今日1日ただただ笑って、おいしいご飯を食べてお酒も楽しんで最高だったな。明日からまた頑張れる」と満足してベッドに入ります。

時間に対する意識は考え方一つでガラリと変わるものだと思います。

大切なのは、自分自身がその状況にどんな意味や価値を見出すか。もし、昼からビールを飲む時間を幸せだと感じるのであれば、その時間を楽しむことが大切です。飲みながら「あの資料、まだ目を通していないな」などと考えたとたんに、罪悪感が生まれますから。


「反省はしても、後悔はしない」というのは、「瞬読式」時間術のポリシーの一つでもあります。

過ぎてしまった時間は、悔やんでも取り戻せません。

週末にプライベートで思いっきり楽しめたのなら、それが「次の1週間を頑張る糧になった」と意識を変えるのです。

仮に前の週に終わらなかった仕事があるなら、月曜日の朝にいつもより早く起きて、作業をすればいいのではないでしょうか。週末に好きなことをしてリフレッシュしていれば月曜は頭も冴えて集中できますし、何より週末に「やらなければいけないのに手をつけてないな」という罪悪感を覚えることもないでしょう。
平日も、「今日も忙しいだけで、自分のことは何もできなかった」と後悔するのなら、1日の終わりに10分でもいいので「自分が満足できること」をしてみてはいかがでしょうか。

人間の脳は、幸せな気持ちで1日を埋め尽くせなくても、1日の締めくくりをポジティブな気持ちで終えると、不思議と充実感を味わえるようになっています。

英語の勉強をしたいのに、なかなか手をつけられないのなら、英単語を3個覚えるだけでもOK。毎日続ければ、1週間で21個の単語を覚えられるので、着実に前進しています。

読みたかった本を1ページ読むだけでも、短いブログ記事を書くだけでも、自分のしたいことを10分でもできれば、きっと満足して眠りにつけるでしょう。
「何もできなかった」とネガティブな気持ちで1日を終えるか、「今日も自分のやりたいことができた」とポジティブな気持ちで1日を終えるか、その差はとても大きいことを知ってください。

02

左脳は時間を「消費する」脳
右脳は時間を「生み出す」脳

"Syundoku" will dramatically change how you use your time!

ここ数年、ＡＩ（Artificial Intelligence：人工知能）に奪われる職業について、議論されることが多くなりました。事務職や銀行員、カスタマーサポートなど、携（たずさ）わる人がすでに減らされている職業もあります。

10〜20年後には、今ある職業の約半数がＡＩにとって代わられるという予測もあります。そのような時代に、私たち人間は何ができるのでしょうか？　やはりＡＩが苦手とする右脳分野の能力を鍛えることがカギになります。

たとえば、発想力についてはＡＩより人間のほうが上です。右脳を鍛えて発想力に磨きをかければ、ＡＩに負けずに生き残っていけるでしょう。

ところで、右脳と左脳には、次のような違いがあるといわれています。

- 右脳：「イメージ処理」「全体把握」「ひらめき」「創造的な発想」
- 左脳：「言語」「計算」「分析」「論理的思考」

右脳は「ないものを生み出す力」を養う脳です。

人は年を重ねるにつれ、物事を論理的に考えて判断し、新しいことにチャレンジするのをためらうようになり、今が安定しているならそれでいいと満足してしまいがちです。これは左脳の働きです。

普段、仕事で論理的に考えるように求められ、合理的な思考をして左脳ばかりを使っていると、どんどん発想力や直感力が衰えていきます。

理想的なのは、左右の脳をバランスよく使えるようになること。すると相乗効果で双方の能力が開花していきます。

プロローグでもお伝えしたように、右脳に働きかけるのが「瞬読」です。瞬読は、文章を頭の中で映像化して脳に記憶させる方法を使います。これは右脳の「イメージを処理する能力」を使っています。

たとえば、「モンゴルには広い草原が広がっている」という文章を読んだとき、おそらくみなさんの頭の中にはモンゴルの遊牧民がゲル（テント）を背にして、馬に乗っている光景が思い浮かぶのではないでしょうか。

文章を文字だけで理解するより、映像を思い浮かべるほうが圧倒的に理解できるスピードは速くなります。また、映像として記憶された内容は、あとから思い出しやすいというメリットもあります。

右脳は情報をイメージでとらえて処理することに長けているので、高速で大量に記憶できます。瞬読はそのトレーニングをするので、右脳が活発に働くようになるのです。

そして右脳を集中的に鍛えると、理解力、記憶力、判断力、空間の認識能力など、さまざまな能力が磨かれていきます。さらに、集中力に大きく関係する「前頭前野」も刺激します。

以前、『教えてもらう前と後』というテレビ番組で瞬読を取り上げていただきました。

お笑いコンビのEXITのお二人に瞬読を体験していただき、「教えてもらう前には打てなかったバッティングセンターの150㎞/時のボールが打てるようになるのか?」というチャレンジをする企画でした。

最初は戸惑っていた兼近大樹さんでしたが、みるみる読む速度が速くなり、「めっちゃ楽しい!」と目を輝かせていらっしゃいました。

そして、瞬読のトレーニング後に150㎞/時のボールを見事打つことができて、スタジオは拍手喝采でした。

瞬読は本を速く読めるようになるだけではなく、文字を速く目で追えるようになるので、動くものを見る力（動体視力）もアップします。スポーツの分野にも大きな力を発揮することを全国のみなさんに知っていただけたのではないかと思います。

それでは、これらの能力が身につくと、時間の使い方にどのような影響が出るのでしょうか？

- 情報処理能力が上がると、スムーズに作業できるようになる
- 集中力がアップすると、短時間で作業をこなせるようになる
- 直感力が高まると、一瞬で判断できるようになる
- 理解力が高まると、悩む時間が少なくなる
- 空間の認識能力がアップすると、移動が速くなる

熟考や熟慮が必要なこともあるかもしれませんが、たいていの場合、答えはすでに決まっていたり、「時すでに遅し」だったりすることが多いものです。一方「瞬読式」なら、時間をかけなくても深い思考が可能になります。

大げさではなく、ゼロ秒で最適な答えを出せるようになるでしょう。すると、ポンポンポンポンと物事がタイミングよく運び、仕事でも勉強でも、人間関係でも、すばらしい効果を上げられるようになるはずです。

03

「直感」はスキル。誰でも、何歳からでも、磨くことができる

"Syundoku" will dramatically change how you use your time!

オランダに本社を置くＡＳＭＬという半導体の製造装置を製造する会社があります。世界の半導体チップのほとんどは、この会社の装置を使ってつくられているそうです。

世界最先端の装置は、データや数値をもとに緻密に計算されて組み立てられているのかと思いきや、ベテランの技術者がこう話していました。

「私たちの機械には魂がある。合理性だけにとらわれず、納得のいくやり方で組み立てています。うまくいくか、いかないかは経験や直感がないとわからない。頭のいい人を1万人集めて図面を見せても、きちんと動くものをつくることはできないでしょう」

意外にも、**最先端の技術にも経験や直感が必要になる**のです。

以前、私は直感力は生まれ持った才能なのだと思っていました。けれども、自分で瞬読を実践するようになってから、直感力は誰でもいくつからでも鍛えられる能力なのだと気づいたのです。

私が考える直感力を鍛える方法は大きく次の5つです。

1 情報を大量にインプットする

直感力はカンに頼るものと思われがちですが、実際にはこれまで身につけた知識や経験から導き出される「もっともいい答え」が直感です。自分の中に十分な情報がないと判断できなくなり、直感力が働きません。

つまり、直感の精度を上げたいなら、あらゆる情報をできるだけ大量にインプットするのがベストな方法です。情報は瞬読を使えばあっというまにインプットできます。

速読をしない人の読書スピードは、1分間で400〜800文字くらいだといわれています。一般的な速読の場合は、上級者は1分間で2000文字前後を読めるようになるそうです（団体によって異なります）。

瞬読では、1分間で数千文字は当たり前。1分間に1万〜2万文字読める人もいます。

1分間で1万文字読めるとすれば、人より最大25倍のスピードで本が読める計算になります。これだけ速く読めると、インプット量を劇的に増やせるのはいうまでもありません。それが直感力の土台となります。

2 瞬解を鍛える

瞬読を身につけると、「瞬解」できるようになります。

プロローグでもお伝えしましたが、瞬解は「瞬時に理解、判断できるようになる」という意味です。

今まで「考えすぎる」「決断が遅い」といわれることが多かったとしたら、もう十分に思考のトレーニングをしてきた状態です。あとは決断するときに生まれる迷いを断ち切るだけ。

ただ、いきなり重大な場面で実践するのはリスクが大きいので、まずは当たり障り（さわ）のない場面で瞬解のトレーニングをしてみましょう。

たとえば、ランチでメニューを選ぶときに、10秒で決めるのもトレーニングになります。失敗しても、「Aランチはイマイチだったから、次はBランチにしよう」と、すぐにリカバリーできるので、気軽にチャレンジできます。最初は10秒から始めて、5秒、3秒と縮めていったら、瞬解のスピードがさらに増していきます。

3 他人の考えを気にしないで意思決定する

直感を妨げる大きな要因の一つが「人の目」です。

「まわりからどう思われるだろうか」

このたった一つの考えが、せっかく思い浮かんだアイデアにブレーキをかけてしまうことが多々あります。まず、「こうしなくてはならない」「こうあるべきだ」と考えがちな思考の枠を外しましょう。

私は手帳をメモ帳代わりに使っていますが、最初のページからきちんと書いていくのではなく、思いついたことがあったらパッとめくったページにすぐに書き込みます。そのため、どこに何を書いたのかわからなくなることもしばしばあります。それでも、ページをパラパラとめくっていると、書き込んだときの状況をだいたい思い出せます。

思いついたことはすべて書き込みます。そのアイデアが使えるか、使えないか、人がいいと思うか、思わないかの判断は一切しません。

人から見たらめちゃくちゃなメモでも、私にとっては人の目を気にしない、自己規制をかけない訓練にもなっています。

4 新しいことにチャレンジする

直感の精度を上げるには、前述の通り、情報をまずできるだけ大量にインプットする必要があります。

ただし、いつも同じような情報をインプットして、いつも同じような行動をしていると、思考が偏りますかたよ。それが思考のバイアス（偏見）にもつながります。

武道では「居着く」という言葉があります。

これは「頭であれこれ考えすぎて体が動かない」「同じことをくり返して型にはまり、柔軟性がなくなる」といったニュアンスで使われます。居着いたら敵に攻撃されるので、常に頭と体を柔軟にしておく必要があります。

日常生活でも居着かないように、新しいことにチャレンジしてフットワークを軽くしておきたいものです。

5 小さな成功体験を重ねる

失敗した経験も大事な判断のもとになりますが、成功体験をもとに判断するほうが、さらに成功体験を増やすことになります。

「コンペで他社に勝った」「大きなプロジェクトを受注できた」のように、大きな成功体験が望ましいところですが、最初からそのような成果を手にできる人はわずかでしょう。

それよりも、小さな成功体験を積み重ねること。小さな成功体験を積み重ねるうちに、自分に自信がつき、大きな決断をすぐに下せるようになっていきます。そこから大きな成功体験を直感で引き寄せられるようになるのだと思います。

小さな成功体験は、「本を1冊読み切る」「早起きをする」「仕事を短時間で終わらせる」くらいのレベルでＯＫです。

小さな成功体験をたくさん増やして、直感力を磨きましょう。

なお、失敗も成功するまで続ければ成功体験になります。小さな成功体験で自信がつけば、過去の失敗にひるまずに、挑(いど)めるようになっていきます。

04

全体を見てから細部を見ると、決断は速く、正確になる

"Syundoku" will dramatically change how you use your time!

情報があふれる現代において、情報リテラシーは自分を守る武器になります。

情報リテラシーとは、さまざまな情報の中から必要な情報を選んで、情報を正しく評価して活用する能力のことです。

時間をかけて1から10まで情報を拾い、そこからさらに時間をかけて必要な情報を選んでいるようではタイパが悪すぎます。そのあいだに、どんどん新しい情報が生まれて、いずれ追いきれなくなるでしょう。

情報の取捨選択ができる人＝情報処理能力が高い人です。

情報処理能力の高い人は、主に次の3つのスキルがすぐれています。

1 全体像を把握するスキル

正しい取捨選択のためには、「全体像の把握」が大事です。

なぜなら、全体像が見えてはじめて重要なポイントがどこにあるのかを判断できるからです。

仕事でも、資料のコピーを頼まれた新人社員がミスを連発していても、仕事の全体像を説明したうえで、「だからこの資料は大事なんだ」と教えると、ミスがなくなるといわれています。全体像がわかれば、その仕事の重要度も、自分が何をすべきかも、わかるようになるのです。

2 細部を検証するスキル

1で全体像を把握したら、次に細部を検証するという順序が大事です。

ジグソーパズルをするとき、いきなり細かいピースを組み合わせるのではなく、まず全体の構図を確認して、四隅を見つけて外枠を固めてから、柄（がら）ごとに組み合わせていくとスムーズに仕上げられます。それと同じです。

3 パターン化して理解するスキル

情報処理能力が高い人を観察していると、瞬時によくある似た情報をまとめ、パターン化して理解していることに気づきます。

たとえば、読む本の構成パターンを分類しておくと、理解度はアップします。

学術的な要素の強い本では「序論―本論―結論」、もう少しカジュアルな本なら「結論―理由―事例―再結論」というパターンが多いようです。また、新聞やニュース記事なら、重要な事実から順番に並べてあるでしょう。

つまり、ジャンルによってある程度本の構成は決まっているので、そのパターンを知っておけば情報をパッと処理できるということです。学術書なら最後の結論だけ読んでも情報を得られますし、新聞は冒頭だけ読めば情報を把握できます。

これらのスキルも瞬読で身につけられます。本が速く読めて、すばやく全体像を把握できますし、判断力が高まるので情報を取捨選択できるようになります。物事のパターン化だってお手のもの。いつでも最新の情報を自分の中にストックしておけるようになるでしょう。

05

仕事は「午前中に終わらせる」と決める

"Syundoku" will dramatically change how you use your time!

ここで、私の1日のタイムスケジュールをご紹介します。

朝5時　起床

私の朝は365日、5時にスタートします。

起きたらすぐに、さっと身支度(みじたく)をして、会社のスタッフから前夜のうちに上がってきている、業務報告を読んで返信します。それ以外にも、夜のうちに届いていたメールに返信します。

6時～6時30分　朝活

朝活は会社のスタッフや瞬読の受講生の人たちと始めた活動です。Facebookで「やまえみサロン」というコミュニティをつくり、毎朝6時から30分、ZOOMで朝活しています。

朝活といってもテーマを決めて集まるのではなく、その30分はそれぞれ「自分がしたいことをする」「習慣化したいことをする」という自由な活動です。

スタート時に全員で「おはようございます」と挨拶(あいさつ)したら、あとはミュートにして一人一人が自分のしたいことをします。

仕事をする人もいれば、本を読む人もいます。瞬読で読書をする人たちはグループをつくり、15分で1冊読み、残りの15分で本の内容をWordに打ち込んだり、ノートに手書きしたりしてアウトプットすることを続けています。その文章はコミュニティ内で公開しているので、それを読めば1冊分の内容が頭に入ります。自分では読まないジャンルの本も簡単に内容がわかり、新しい発見もあります。人に代わりに読書をしてもらっているようなものです。

そして、30分たったら「また明日」とみんなで挨拶して終了。

私は朝活のときは画面の前にずっと座っているのではなく、主に掃除や洗濯、洗い物などをしています。旅行先から参加するときなどはイヤホンマイクをつけてウォーキングをすることもあります。最近のイヤホンマイクはすぐれもので、外の音など雑音を拾わないので、参加者には聞こえません。ときには、朝活のメンバーと話しながら家事をしています。

6時30分~7時　家事

この時間は、朝活中に終わらなかった家事や、晩ご飯の準備をしたりします。私は朝食をとらないので、この時間帯もやるべきタスクをこなしていきます。

7時~8時　SNS

その時々で開催する時間は変わりますが、だいたいこの時間帯に、さまざまなSNSを活用して情報発信を行なっています。Facebook やX（旧 Twitter）など、コミュニケーションツールの進化はすばらしいものがありますよね。

話すプラットホームもさまざまですが、ここしばらくは、Xでお話しすることが多いです。たとえば、私が今年開校し、学院長を務める通信制高等学院やメタバース上のフリースクールについて話したときは、不登校のお子さんがいらっしゃる方や、元不登校のお子さんの保護者の方も参加されていました。顔が見えないおかげか、深刻な悩みを打ち明けてこられる方もいます。

本を出版したりテレビに出演したりしたおかげで、教育関係のフォロワーの方々だけに限らずさまざまな方々と、とても手軽に直接交流できる場になっているので、最大限活用しています。

それ以外の日は、頼まれた会報誌や書籍の原稿を書いたりする時間になっています。

8時〜9時　業務連絡

まだ会社の始業時間の前ですが、担当社員に「今日はあれをやって、これをやって」とチャットで指示を出しています。

社員への指示は、思いつくたびに「これをやっておいて」と次々と投げていったら、相手が混乱してしまうので、基本的には朝1回ですませるようにしています。時間配分は本人たちに任せて、その日のうちにやってもらえればそれでいい、というスタンスです。

9時〜12時　ミーティングなど

多くの会社や人が仕事を始める時間になったら、ミーティングや出版の打ち合わせなど、社外の人と会う業務を中心にこなします。

私のルーティン業務は、ほぼ午前中で終わりです。1日の仕事は、基本的に昼の12時までにすべて終わらせます。

午後のスケジュールはフリーにしておき、セミナーや講演会、会食などの予定はここに入ります。予定が入っていないときはマッサージやヘッドスパに行ってリフレッシュしたりしています。

午後に仕事がないときは、ランチで自分へのご褒美としてビールを飲むこともあります。朝5時起きで午前中に仕事を終えているので、罪悪感なく楽しめます。

夜は仕事がらみの会食も多いですが、だいたい21時には帰宅して、24時ぐらいに就寝。夜はメールには返信せずに、朝にまとめて対応します。

土日も祝日も関係なく、このようなタイムスケジュールで1日を過ごしています。

06

「時間がないと仕事はできない」という思い込みを外す

"Syundoku" will dramatically change how you use your time!

やるべきことがたくさんあると、それこそ朝から晩までびっしりスケジュールを埋めてしまいがちですが、それだと息切れしてしまうし、いつも何かに追われているような気分になってしまいます。私が仕事を12時までに終わらせるのも**短い時間だからこそ集中できて、物事を効率よくこなせる**と実感しているからです。

セミナーなどで、参加者に「朝はどのように過ごしていますか」と尋ねると、だいたい7時に起きて、コーヒーを飲みながらテレビを見ているうちに気づいたら8時になっていて、あわてて自宅を出る……というパターンが多いようです。

仕事を速く片づけるコツ

会社で就業時間が決まっているビジネスパーソンは、午前中にすべての仕事を終わらせるのは難しいかもしれません。ただ、同じ勤務時間でも、始業時間の2時間か3時間くらい前に出社して仕事をすることはできるのではないでしょうか。

朝早い時間は電話やメール、LINEなどのメッセージもほとんどきませんし、上司に突然仕事を頼まれたり、後輩に相談されたりすることもないので、自分の仕事をどんどん進められます。しかも、通勤に使う電車も混んでいません。座れれば資料を読むなどの仕事もできるので、一石二鳥です。

就業時間を変えられなくても、自分の中では「12時までに終わらせる」と決めて、重要な仕事を午前中に集中してこなし、午後は会議のように自分では動かせない仕事だけにするとか、書類整理をする時間にあてるという方法もあります。

朝のうちに重要な仕事を片づけてしまえば、その日は1日気分がいいですし、頭を悩ませることもなくなってほかの仕事もはかどります。そして、定時にあがれれば、あとは自由な時間です。家族との団らんに時間を使ってもいいですし、趣味やダブルワークのために時間を使うこともできます。

テレワークがデフォルトになっている会社も増えてきた今、会社で9時から5時まで働くスタイルが主流だった頃よりもずっと、仕事でどれだけ成果を上げられるかが重視されます。

つまり、短時間でいかに成果を上げられるか。**「時間をコントロールできる人」こそ、これからの時代に生き残っていける人**なのです。

07

「先に決めてしまう」だけで、あとはうまくいく

"Syundoku" will dramatically change
how you use your time!

多くの人が「時間がない」と口にします。しかし、本当に時間は「ない」のでしょうか。ただ「有効に使っていない」だけではないでしょうか。

有効に使っていないというと難しく聞こえるかもしれませんが、要は「何をするか具体的に決めていない」のです。

先に何をするか決めてしまえば、時間は有効に使えるのです。

「何をするか具体的に決める」ときに意識してほしいのは、「絞る(集中させる)」「先に時間を確保する」「ルールを決める」の3つです。

1 絞る(集中させる)

たとえば、「メールは1日に3回しかチェックしない」と決めるのも一つの方法です。その時間以外は、メールを開かず、返信もしないと決めれば、メールにだらだら時間をとられることはなくなります。

「プレゼン資料は1時間でつくる」と、作業時間を決めてしまうのもいいアイデアです。実際には1時間では終わらなくても、締め切りを設けるのと設けないのとでは、仕事の進み具合がまったく違います。

時間に余裕があると、実は仕事ははかどらないのです。それはイギリスの歴史学者・政治学者であるシリル・ノースコート・パーキンソンが提唱した「パーキンソンの法則」で証明されています。

パーキンソンの法則の一つに、「時間やお金というものは、人はあればあるだけ使ってしまう」という法則があります。本当は30分で終わる仕事であっても、「3時間で仕上げてください」といわれたら、人は制限時間いっぱいに使ってしまうということです。

これは時間浪費の最たる例です。

自分ではきちんと仕事をこなしているつもりでも、ほかのことを考えたり、別のことをしたり、よけいなことに必要以上の時間を浪費している例がほとんどなのかもしれません。

それを防ぐには、具体的に短時間の締め切りを設けて、「この時間内に終わらせる」と決め、集中せざるをえない状況にすることです。

2 先に時間を確保する

私は朝活を365日毎朝すると決め、その時間を確保しています。

土日も祝日も、お正月もです。一切例外はありません。

なぜなら、例外をつくると頭と体が覚えないからです。

たった1日休んだだけでもすぐに怠けたがってしまい、「1日くらい、いいか」「休みの日ぐらい休もう」「今日は朝から大事な会議があるからやめておこう」といったように、あれこれ理由をつけて休もうとします。そして、いつのまにか朝活はフェードアウトしていくでしょう。人間は「やらない理由」はいくらでも思いつくから不思議ですね。

ですから、一度決めたら例外をつくらずにやり続けます。

それにはスケジュールを確保しておくことが重要です。時間を確保していれば、「忙しかったからできなかった」のような言い訳もできなくなります。

朝活は朝の光を浴びて、自分が心身ともに健康になるための30分でもあるので、むしろ初日の出を拝(おが)める元旦こそ早起きすべきです。

どんな1日も大事な1日です。

元旦を休みにする理由は私にはなく、決めたことをやりきることで自分が満たされ、「元旦も休まず実行できる私、すごい」と自己肯定感も上がるので、気持ちよく新年を迎えられます。

また、休暇をとるときも、先に休みのスケジュールをしっかり確保して、それに合わせて仕事を調整していきます。先に休みのスケジュールを確保しておかなければ、永遠に休めるときは来ないだろうな、と思います。

3 ルールを決める

たとえば私は家にいるとき、なるべく椅子(いす)に座らないと決めています。仕事をして帰ってきて、「疲れたあ」と椅子に座ったら最後、そこから動けなくなることはありませんか？「資格の勉強をしよう」「夕飯の支度を始めよう」と思っていたはずなのに、たまたまつけたテレビを観てしまったり、スマホから目が離せなくなったりするのはよくあることだと思います。

一度やる気のスイッチが切れると、なかなか再起動はできないのです。

家に着くまでは、「帰ったらすぐにお風呂にお湯をためて、夕飯を食べて、お風呂に入ってから参考書を開いて」と頭の中でスケジュールを組み立てていても、椅子に座ってしまうとフリーズしたかのように動けなくなります。

それを避けるために、私は座らないと決めているのです。

椅子に座るのは、やるべきことがすべて終わってから。

そう決めて、休みたくなる気持ちを抑え、自分を鼓舞してやるべきことを片づけ、それらをすべて終えたときの解放感や達成感は気持ちいいものです。それを味わうために、怠けたくなる気持ちに流されないようにしています。

時間を有効に使いたいなら、「これをやる」と具体的に決めること。そして決めたらとにかく徹底するのがコツです。

例外をつくらずに、どんな状況であってもするのだと決めれば、「どうしようかな」と迷う時間をなくせます。それが、時間をコントロールできるようになるコツなのです。

「明日何をするのか」を決めておく

みなさんは、朝会社に着いた瞬間からエンジンがかかっていますか？

まず届いているメールに目を通しながら、ゆっくりコーヒーを飲んで、上司に呼び出されて席に戻ってきてから、「昨日の資料の続きをつくるか」という感じで、エンジンがかかるまでに時間がかかる人、多いのではないでしょうか。

私は会社についてドアを開け、「おはよう」と挨拶をした瞬間から、「昨日の案件、どうなった？」「この資料、送っておいてもらえる？」とマシンガンのように社員に指示を出していきます。事前にチャットで伝えてあることもありますが、社員も私のスタイルをわかっているので、「待っていました」とばかりにすぐに行動開始です。

会社に着いた瞬間、席に着いた瞬間に仕事をスタートさせるためには、その前に「今日は何をするのか」が全部頭に入っている必要があります。

私は朝起きた瞬間から、その日やるべきことが頭の中に入っています。もっといえばすでに前日のうちに「明日何をするのか」を決めているのです。

仕事の終わりに、「明日はここから仕事を始める」と決めておく。

それが翌日すぐに仕事をスタートするための準備になります。

私は、パソコンを起動させるまでの時間を待っているのももったいないと考えるので、基本、パソコンの電源は切りません。朝、席に着いてエンターキーを押したら、即作業を始められるようにしています。

会社に着いてから「今日は何から始めよう」と考えるのではなく、前日に考えておけば、出社した瞬間にエンジンがかかるでしょう。翌日用のチェックリストをつくって、明日の自分に対してタスクを課すのもいいかもしれません。

08

早起きするだけで、人生が劇的に好転する理由

"Syundoku" will dramatically change how you use your time!

極端な話、私は「時間がない」というのは「やらない」ための口実だと思っています。本当にやりたいことがあるとき、やるべきことが迫っているとき、「時間がない」とはいっていられないように思うからです。

それでも「時間がない」というとき、使える時間を増やすのに一番手っ取り早く、確実に効果があるのは、「早起き」です。

「それくらいのことはわかっている」と思った人もいるかもしれません。けれども、実践している人はそれほど多くないのではないでしょうか?

早起きの効用については誰もが知るところですが、これほど続けるのが難しいものもないかもしれません。

私も実は夜型人間でした。

プロローグでも書きましたが、塾を運営しているので、どうしても夕方から夜に仕事が集中します。夜遅くまで仕事があるため、朝はなかなか起きられませんでした。とはいえ、朝が1日の中で一番エネルギーが高いということは感じていました。

夜明けとともにだんだんと太陽が出てきて、まばゆい光が世界を照らし、空気もまだ澄んでいる。その時間帯は、人間も一番エネルギーが高まる気がします。それに、朝は睡眠によって脳疲労が解消され、思考もクリアになっています。「早朝10分の生産性は、夜の1時間に値する」「朝の生産性は夜の残業の6倍」など、朝の効用は多くの人が認めています。そんな時間を有効に使えていないことが、自分の中でも大きなストレスでした。

そんな折、5~6年前に朝活がブームになったときに、会社のスタッフから「朝活しましょうよ」と誘われました。

ところが、私は即座に「仕事で夜遅いんだから、ムリムリ」と却下。それまでも早起きを試みたことはありましたが、それこそ三日坊主で続かなかったのです。でも、そのときはなぜか、スタッフの一言が心に引っかかりました。何より、世の中の成功者はほとんどといっていいほど、朝早くから活動しています。「社員よりも早く出社して、トイレ掃除をしています」という方もいれば、早朝ジョギングや早朝ミーティングをしている方もいる。国会議員も、国会は朝9時から始まりますが、7時には党内の勉強会などに参加するために活動を始めていると聞きます。

カレーハウスCoCo壱番屋(ココイチ)の創業者の宗次德二さんが「超」早起きなのは有名な話です。

社長時代から、午前3時55分に起床し、午前5時前には出社してお客様へのお礼状などを書き、6時からは社員と一緒に本社周辺の清掃をしていたそうです。現在は会社から離れてNPO法人や音楽ホールの運営に専念されているようですが、朝の習慣はまったく変えていないと聞きます。

かつて「重役出勤」という言葉がありましたが、朝9時、10時まで寝ていてそれから出社する成功者の話は聞きません。私も自分の人生を変えるなら、何か大きな行動を起こさないと変わらないと感じていました。

「自分にとっての大きな行動」で、すぐにできること、それもお金をかけずに誰でもできること、それが「早起き」でした。

ただ、それまで何度も挫折した経験から自分一人では続かないのもわかっていました。

そこで、コミュニティで「朝活を始めたいんだけど、誰か一緒にやりませんか」と、声をかけると、10人ぐらいが「おもしろそう、やります」と手を挙げてくれました。

それから始めて、現在連続1000日を超え、約3年続いています。主要メンバーは50人前後に増え、多い日は100人以上が朝活に参加します。

早起きをするようになってから、仕事の生産性は確実に上がりました。

前述したように早朝はスタッフから電話がかかってきませんし、LINEなどでメッセージが届くこともないので、作業を中断されずにすみます。それだけで、どれだけ仕事に集中できるのか、身をもって知りました。

早起きのいいところは何歳からでも習慣化できること

データでは、寝るのも起きるのも20代をピークに30代から少しずつ早くなっていきます。年齢が高いほうが早起きをしやすいのです。

そして、朝は苦手だった自分がここまで早起きを続けられていることに対して、自信も生まれます。まわりからも、「すごいですね、毎日朝6時から活動するなんて」とほめられるので、気分も上がり、いいことずくめです。

その効果を見て、朝活の参加者が増えて、どんどんコミュニティは大きくなっていきました。特にゴールもなく始めた朝活ですが、続けているうちに「これをやめる必要なんてないよね」と思うようになり、今ではすっかり私の日常の一部になりました。

私だけではありません。

朝活コミュニティの参加者の中には、起業した人もいれば本を出版した人もいます。2年以上続けていると、それが結果に結びつくことを実感しています。


自分一人だと挫折しそうな人は、友人と一緒に朝活を始めてみてはいかがでしょうか？　ダイエットと同じで仲間と一緒に実践すれば続ける原動力になります。「やまえみサロン」に参加していただければ、多くの前向きな仲間と一緒に朝活することもできますよ。

CHAPTER

2

「時間泥棒」の罠にはまるな！

09

「考える時間の長さ」は、必ずしもよい結果に結びつかない

"Syundoku" will dramatically change how you use your time!

この世で一番のムダな時間は、「悩むことに費やす時間」ではないでしょうか。朝起きてから眠りにつくまで、私たちはさまざまな選択を迫られます。朝食に何を食べるか、どんな服を着て出かけるかといった日常のルーティンの中でさえ悩む場面はたくさんあります。

仕事においては、さらに判断に迷う場面があり、選択するのに時間がかかるものもたくさんあるでしょう。**悩みはまさに「時間泥棒」。実は普段から「時間がない」「仕事が終わらない」という人の多くは、この「悩む時間」に貴重な自分の時間を奪われている**のです。

悩む時間が増えてしまうのは、世の中に情報があふれ選択の幅が広がっていることも一因ですが、それと同時に、思考が「左脳型」になってしまっていることにあるのではないでしょうか。

左脳は過去のデータや経験から論理的に物事を判断しようとするため、考える（悩む）時間が長くなりがちです。もちろん、悩む時間をゼロにすることはできませんが、短くすることはできます。

私自身は、5分考えて出る結論は、5時間、あるいは5日間考えて出た結論と変わらないと思っています。

「下手の考え休むに似たり」ということわざもありますが、よい考えが浮かばないのにずっと思案しているのは時間の浪費です。5分考えてもわからなければ、さっさとわかる人に話を聞きに行くほうがよい結果に結びつきやすいのです。

「直感」にしたがう

さらに、直感で「これをしたい」とピンとくるものがあるなら、迷わずにそれを実行すべきです。**直感的に自分がするべき、あるいはやめるべきだと感じることとは、無意識が呼びかけている心の声です。**ひらめきや直感は右脳の働きですが、普段から考えすぎてしまう左脳型の人が直感にしたがって「右脳を使おう」と意識すると、左脳の分析力や論理的思考が最高の形で発揮できるのです。

直感にしたがって行動して、大きな成功をつかんだ人は大勢います。

まだ誰もやっていないことにチャレンジするときは、なかなか決断できないこともあります。そのチャレンジが成功するかどうかは運やタイミングも関係するでしょうが、行動しなければ何も変わりませんん。運も引き寄せられないでしょう。

日常の小さな選択を迫られる場面でも、ときには、決断してから「あー、やっぱり、あっちにしたほうがよかったかな」と思う場面もあります。けれども、どちらを選択しても後悔することはあるので、そこでくよくよと考えないことです。

たとえば、青い服と赤い服で迷って赤い服を買ったら、まったく似合わなくて「青い服にしておけばよかった……」ということもあるでしょう。

これは赤い服を選んだのは失敗だったという話ではなく、「赤い服は自分に似合わない」という発見です。その発見を次に生かせばいいだけです。

過去は単なる「事実」であり「結果」です。それ以上でも以下でもありません。しかしその過去は、これからの行動で「よい経験」に変えられます。

ご存じの方も多いと思いますが、発明家のトーマス・エジソンは「私は失敗したことはない。うまくいかない1万通りの方法を発見したのだ」という名言を残しています。1万1回目にうまくいけば、1万回の失敗はそこにたどり着くためのプロセスに過ぎなかったといえます。

迷わず行動を起こせば、道は開けると私は信じています。

10

「返事は早ければ早いほどいい」は脳科学的にも証明されている

"Syundoku" will dramatically change how you use your time!

何事も瞬時にレスポンスができれば、迷ったり悩んだりする時間はぐんと減り、すべてが一瞬で解決します。

「この企画、A案とB案、どちらがいい？」

「A案がいい！」

のように。

もちろん、会社経営のように多くの人の生活がかかっている問題は瞬時に判断できないものですが、私の経験では、最初に思いついたことが一番ふさわしい解決策であることが多い気がします。

正しい答えを導くには「自分の中にブレない軸があるか」が大事です。これがないと一貫性がなくなり、まわりも自分も混乱してしまいます。

「さっき、A案がいいっていったけど、B案もいい気がしてきた……あ、やっぱりA案かな」

こんな調子では、まわりは困りますよね。

軸というのは自分の価値観や信条だったり、会社の理念であったり、思考の土台になるものです。この軸（基準）を自分の中に明確に持っておくと、迷いがなくなります。

たとえば、私は個人の理念を、「利己よりも利他」「損得よりも善悪」「安定よりも挑戦」「他責より自責」と決めています。そして社員にもいつもこれらの言葉を投げかけています。

これは大事なポイントです。

たとえば、テストの採点をしているところに、生徒が相談に来たとします。「今やりかけている作業をキリのいいところまで終わらせてしまいたい」と生徒を待たせたり、作業をしながら話を聞いたりしたら、生徒は不信感を募らせるでしょう。意を決して相談に来たかもしれないのです。

「利己より利他」と決めていたら、自分がどんな作業をしていても中断して、生徒の話を聞くことを優先するようになります。

また、受講の方法も「通常、1教科しか受講していない生徒でも、定期テスト前は、全教科の対策授業を受講できるようにしよう。人件費はかかるけれど、生徒たちにとって必要なことなので、このサービスは続けよう」と判断できます。

どちらかで迷うような場面で、考える隙(すき)を与えないためにルールを決めておくのが大事なのです。

物事をスムーズに進めたいなら、自分のルールをつくっておくといいでしょう。「社内の都合より、お客様の都合」というマイルールをつくったのなら、「お客様のリクエストを受け入れたら、上司に叱られそうだな」と思うのだとしても、お客様を優先させる。それがお客様にとっても自分にとっても正しいことであるなら、きっとお客様から感謝され、人の役に立てたという喜びを得られるでしょう。

雑念と無縁になる「マイルール」

「今日も仕事が終わらなかった」

「あのとき、別の方法を選べばよかった」

つい、くよくよ考えたり、後悔したりするネガティブな思考はなかなか消えないものです。頭からなかなか離れないそれらの「雑念」にも、マイルールは役立ちます。

たとえば、**私のマイルールの一つは「返事は0・2秒でする」です**。そのおかげで迷ったり悩んだりすることはほとんどありません。これは、脳科学を40年以上研究されている西田文郎先生から学んだことです。

先生によると、外界からの刺激に対して、0・2秒で感情をつかさどる脳（右脳）が働いてイメージがわき、それに対して「どうしよう」と考える理屈をつかさどる脳（左脳）は、0・4秒後に働きだします。ですから、イエスでもノーでも、とにかく0・2秒で返します。つまり、論理的に考える前に感情にしたがって判断せよという教えです。

速ければ速いほど人は決められた時間内で何とかしようとするので、即決できるようになります。0・2秒で返事をすると、決めるまでの悩む時間をなくせるだけでなく、マイルールにもとづいて判断しているので後悔がありません。

また、マイルールは仕事だけではなく、プライベートでも守れば、自分の生き方の指針となります。

ショッピングで服を選ぶときも、マイルールで「安定よりも挑戦」と決めていれば、「今日は、普段絶対着ない色の服を選ぼう」と新たなチャレンジにつながります。

人生の大きな選択をするときでも、「安定よりも挑戦」がマイルールなら、「思いきって転職をしよう」と背中を押してもらえるでしょう。

マイルールがあると、自分が何をすべきなのかが明確になるので、取捨選択を瞬時にできるようになります。

11

相乗効果を生むマルチタスク
たとえば、情報収集×運動、
業務連絡×移動時間、
アイデア出し×家事

"Syundoku" will dramatically change
how you use your time!

時間を効率的に使う方法の一つに、一つ一つの作業を順番にこなしていくのではなく、一度に二つ以上の作業を並行して行なうマルチタスクがあります。

たとえば、私は家事をするときにイヤホンでYouTubeやオーディオブックの音声を聴きながら、掃除機をかけたり洗い物や食事の用意をしたりしています。情報収集をするためにわざわざ時間をつくるのではなく、ほかのタスクに合わせているのです。

最近はジョギングやウォーキングをしながら、イヤホンマイクで仕事の話をしている人をよく見かけるようになりました。

そのように**運動しながらほかの作業を並行してやるのはおすすめです。健康にもいいですし、同時に別のことをすることで脳も活性化します。**よいアイデアも生まれるかもしれません。時間を有効に活用するだけでなく、健康面でもメリットがある、すぐれた方法です。

マルチタスクは、絶対になくせないタスクにほかのタスクをかけ合わせるのがポイントです。たとえば、家事はある程度は時短できても、なくせないタスクです。その時間にほかのタスクを合わせれば、時間を2倍に使えます。

歯磨きもなくせないタスクの一つ。歯科医師によっては歯磨きの時間は10分以上かけるのが望ましいといいますが、10分はけっこう長い時間ですよね。

そのあいだに動画でも観れば「歯磨き」が立派な情報収集の時間になります。動画でもラジオでも、かなりの情報をインプットできるのではないでしょうか。ロングヘアで髪を乾かすのに時間がかかるなら、ドライヤーをかけているあいだにネットで記事を数本読めるかもしれません。

ジムで体を鍛えるのが習慣なら、それこそイヤホンでオーディオブックなどを聴きながら体を動かすのはいいアイデアだと思います。

「たった10分で何ができるのか」と思うかもしれませんが、歯磨きに1回で10分かかるとしたら、朝晩で20分になります。1週間で140分。つまり1週間で2時間超を費やしている計算になります。

仕事でも、会社の会議自体はなくせなくても、その時間に別のことをしている人は案外多いのではないでしょうか。スマホでメールを送っていたり、ほかの仕事の資料を確認していたり。私だったら、座ったままこっそり両足を30秒上げたりして、軽く筋トレをしているかもしれません。もしくは、瞬読で仕事に関係ありそうな本を読んでいると思います。

議事録を作成する担当であるなら、あとからまとめるのではなく、会議の時間中に仕上げてしまえば、それも一度に二つの仕事をこなすことになります。

マルチタスクについては「かえって集中力が落ちて効率が悪い」と否定的な意見もありますが、組み合わせ方の問題です。

ただ、シングルタスクで集中したほうがいい作業と、マルチタスクに適した作業があるので、そこは区別したほうがいいでしょう。どちらの作業にも支障をきたさないタスクを組み合わせれば、2倍以上の効果を期待できます。

12

動画も音声も、倍速で時間を節約する

"Syundoku" will dramatically change
how you use your time!

実は、私は映画館が苦手です。

あんなに真っ暗な空間で、スマホもいじらせてもらえずに2時間も閉じ込められているのが耐えられないのです。

「この主人公たちのやりとり、2倍速でやってくれないかな？」とつい考えてしまったりするので、内容があまり入ってこないのです。情緒がないといわれそうですが……。

そのため普段は配信サービスで2倍速や2・5倍速で映画を観ることが多いです。それでも私は十分楽しめます。

同じ理由で、セミナーなどもリアルタイムではほとんど参加しなくなりました。たしかに、リアルな場だと登壇者や参加者と親しくなって、人脈を築けるようなメリットはあるかもしれません。それでも、倍速に慣れている私にとっては、通常のスピードで人の話を聞いているのはつらいので、オンラインセミナーを選んでいます。

どうしてもリアルタイムでしか開催していないセミナーで話を聴きたいときは、代わりに誰かに行ってもらって録画録音をしてきてもらいます。それをあとからイパは最高です。

倍速で聴きます。それなら私も私の代理でセミナーに行った人も学べるので、タ

私は基本的にマルチタスクで音声を聴くときは倍速です。最近はオーディオブックのラインナップも充実しているので、本を読む時間をとれないときは、オーディオブックを活用します。

前述したウォーキングで、オーディオブックやYouTubeのチャンネルを1・5倍速で聴きながら20分間歩けば、30分ぶんのインプットが可能です。話の内容を理解できているかどうかが大事なので、通常の速度で最初から最後まで観たり聴いたりすることにこだわる必要はないと思います。

ただ、倍速で観るのはあくまでも情報を得るための方法です。本当に楽しみたい映画やドラマを鑑賞するときは通常の速度で観ることをおすすめします。人生の楽しみまで倍速で味わう必要はありません。

さらに、私はブログやメルマガなどの文章も音声で聴いています。ほかに読まなければいけない本や資料が多すぎて、とても手が回らないのです。

音声の読み上げソフトを使えば、それを聴きながら、ほかのことを並行してできるので便利です。そのときもマルチタスクで、倍速で聴きます。

ラジオもリアルタイムで聴くよりも、あとで配信された音源を必要なところだけ聴くほうが好きです。

「いつか時間ができてからゆっくり聴こう」と思ってとっておくと、そのまま忘れてしまったり、あとでちゃんと聴くことができたとしても、すでに情報が古くなっていたりすることもあります。

マルチタスクで、時間も場所も選ばず、自分の知りたい情報を観たり、聴きたい音源を聴いたりするのは、幸せなタイパだと思います。

13

その日できなかったことは「やらなくていいこと」

"Syundoku" will dramatically change how you use your time!

「忙しい」という字は「心をな（亡）くす」と書きます。

心がなくなると思いやりや優しさがなくなり、感情が失われ、やる気や幸福感も乏しくなります。瞬読は心のゆとりを取り戻し、幸せになるために「忙しさ」から解放されるための方法です。

私は、**「忙しい、忙しい」といっている人は、実際の仕事や家事で忙しいというより、「やらなければならない」という義務感で疲れ果てているのではないか**という気がします。

本当は1枚でいい提案書を、「仕事ができる人だと思ってもらいたい」というプライドが働いて、凝ったデザインで10枚ぐらいつくる人、いるのではないでしょうか？　それだといくら時間があっても足りません。家事でも、小さいお子さんがいるのにチリ一つないきれいな部屋をキープするのは、ほぼ不可能です。

忙しさに心を削られないために、「やらなくていいこと」は、ばっさりと切り離す勇気を持ちましょう。

自分が本当に大切にしていること以外はこだわらない人生を選べば、今より数十倍も数百倍もラクになります。

忙しい人ほど削れるタスクは山ほどある

時間をつくりたくても「削れるタスクなんてない」という人は、**思考のバイアス（偏見）**にとらわれているのかもしれません。自分では気づいていないだけで、削れるタスクは山ほどあるものです。

スケジュールを確実にこなそうとして、1日のToDoリストを作成している人もいるでしょう。その中に、今日は取りかかれなくて、明日に先送りになってしまうタスクがあるのではないでしょうか。

それが1日だけならいいですが、次の日もできず、その翌日もできず……1週間も、ときには1か月もずっと「やらなくてはいけないのに、実行できていないタスク」があったら、それは削っていい仕事です。

私は、**「今は時間がなくてできない」という理由で先送りしていることは、「やらなくていいこと」**だと考えています。時間がないからできないのではなくて、本当にする必要がないからやっていないのではないでしょうか？

たとえば、「いつか時間ができたら読もう」と思って「積読（ツンドク）」している本は、誰にでもあると思います。その本は、今の自分にどうしても必要ではないから、「いつか」と先送りできるのでしょう。

「いつか片づけよう」と思っているクローゼットの中がごちゃごちゃのままでも、クローゼットから服やものを取るときぐらいしか困りません。

「時間ができたらジムに通いたい」と思っているなら、それは「今はできない」というあきらめの裏返しです。結局、今日明日で行動に移せないことは、もともと自分には必要ではなかったのでしょう。

「今日できなかったから、明日に回そう」という状況が2日続いたら、私は「それはしなくてもいいことだ」と判断しています。やらなくても普通に生きているのなら、そのままやらなくても何も問題ありません。

「焦る気持ち」を消す唯一の方法

「そうはいっても、上司に頼まれた資料はつくらなきゃいけないし……」と思うのなら、それはすぐに取りかかるべきです。

やらなければならないことを「しなければ」と考えている限り、先送りは続きます。「しよう」と決めた瞬間、作業をするための時間を確保しようとスイッチが入るのです。

「そのための時間がない」と思うのなら、たとえ10分でも時間ができたら、資料をつくる。まとまった時間がとれなくても、5分でも10分でも短時間で少しずつ作業を進めればいいだけです。

何も進めていないゼロの状態から、1ミリでも2ミリでも進めれば、その作業はゴールに向かいます。 ずっとゼロの地点にいるから、「やらなければ」と焦り、心のどこかで罪悪感を抱くのでしょう。少しずつでも作業を進められれば、気持ちも少しずつ軽くなっていきます。


限られた時間を有効に使うには、先に何をするか決めることだとお伝えしました。そこでも書いたように、まずやるべきことを「絞る」のがコツです。

「あれもやらなければ、これもしなければ」という考えに振り回されていたら、心の余裕はどんどんなくなっていきます。

ましてや「やらなくてもいいこと」にまで気にかけていたら、「忙しい」「仕事が減らない」という状況になるのも仕方ありません。**雑念を取り払うためにも、先送りにしている仕事を「しなくてもいい」と決めてみてください。**

そうすれば心の中の整理が進んで、すっきりした気分で毎日を送れるようになります。

《ストレスをためない方法》
やるべきこと
やったほうがいいこと
やらなくてもいいことを明確にする

14

人よりも3倍速く行動すると決めると、自動的に迷いはなくなる

"Syundoku" will dramatically change how you use your time!

1年間という期間は誰にとっても同じ、世界共通です。

けれども、その感覚的な長さは人によっても年齢によっても違います。

たとえば、10歳の子どもは生きてきた人生の10分の1が1年間です。20歳の人は20分の1、70歳の人は70分の1です。

年を重ねるほど、1年間は短く感じるのかもしれません。私自身も1年間はあっというまに過ぎていく感覚がありますが、おかげさまでその密度は年々濃くなっている気がしています。

私はまわりから「よく、そんなにたくさんの活動ができますね」といわれます。

たしかに、塾を経営しながら瞬読のセミナーを定期的に開催したり、今年はメタバース上に通信制の高校を開校したりもしました。また、それぞれの仕事で各地を飛び回る合間に山中湖のマラソンにも挑戦しました。

私がいつも意識しているのは、「3倍の行動」です。

一石二鳥という言葉がありますが、**私が目指すのは「一石三鳥」。一つのことをするときに3倍の行動を実現できるように考えて行動しています。**

それは人よりも3倍の速さで行動すること、人よりも3倍速く返事すること、人よりもアイデアを3倍出すことなどです。午前中に仕事をすべて終わらせることができるのも、3倍の行動を心がけているからです。

人よりも3倍速く動くと決めると、自動的にムダなことは減っていきます。ほかの人が一つ考えるあいだに、その3倍アイデアを出そうと決めていれば、迷ってなどいられません。「下手な鉄砲数打ちゃ当たる」ではありませんが、思いついたら即提案します。不思議なもので、数をこなしていると自然と質もついてくるのです。

人が1冊の本を読むあいだに3冊読むと決めれば、集中力も生まれます。そのような思考を常に持ち続けていると、すべてのスピードが速くなっていきます。

プライベートでは、人が1着の服を選ぶあいだに、私は3着選ぶようにしています。

アップルの創業者である故スティーブ・ジョブズはいつも黒のタートルネックにジーンズというファッションスタイルでした。これは、日々の決断の数を減らし、重要な決断に費やすエネルギーを節約するためだといわれています。

私もこれには同感です。

いろいろな服を試着しながら時間をかけて選ぶのが楽しい人には共感できないかもしれませんが、私にとっては「どれを買おうかな」と悩む時間はムダな時間で、「早く選んで次のことをしなきゃ」という気持ちになります。

ですから服のブランドも買うお店も決めています。自分の体形や自分に似合う服を知っていれば、迷う時間を最小限に抑えられるからです。

「安定よりも挑戦」がマイルールなので、今まで買ったことのない服を選ぶということだけを決めて、お店の人にそれを伝えれば、自分では選ばないような服を勧めてくれるので、満足する買い物ができます。

「短時間で考える」習慣を身につける

私は幼い頃から、母や祖母から「1分あたりでできることを増やせ」と教えられてきました。

私の実家はそろばん教室を開いていました。私もそろばん指導の免許を持っていて、学習塾を始める前はそろばん塾を開いて教えていました。

そろばんは、決まった時間内で何問計算できるかをトレーニングします。検定では、たとえばかけ算の場合、1問あたり30秒で、20問解かなくてはなりません。タイマーをかけて、30秒経ったら答えが出なくても次の問題に進みます。答えが出たとしても、タイマーが鳴（な）った瞬間に用紙に答えを書いていなかったら、アウト。次の問題に進まなくてはなりません。

このトレーニングは、**短時間で考える習慣をつけるために効果的**だといわれています。10分間を計って、「20問のうち、できるところまでやりなさい」ではなく、1問を30秒以内に解ききるという負荷をかけるところがポイントです。

このトレーニングをくり返すと、多くの子どもたちが大幅に成績を伸ばします。なぜなら、時間制限を設ければ「前倒し」で正確に答えを出そうとする習慣が身につくからです。

30秒で答えを出すのではなく、用紙に書く時間を考えたら、25秒で答えを出そうと少し前倒しにする習慣が生まれます。それが積み重なっていくと、学校のテストでもほかの人が8問解いているあいだに10問解けるようになり、結果的に点数アップや合格につながります。

また、そろばんは計算なので左脳を使うイメージがあるかもしれませんが、右脳も鍛えられます。そろばんに慣れてくると、そろばんを実際に使わなくても、頭の中でそろばんをパチパチとはじいて暗算ができるようになります。それがイメージ力を鍛えることになり、右脳を刺激するのです。

1年の価値を2倍、3倍にできる人

前倒しは時間を奪われないための、最強の方法です。

塾では子どもたちにも、「提出物は締め切り当日ではなく前倒しで出す」ように教えています。これは**限られた時間を自分の中でさらに短く設定すると、作業を速く効率的にできるようになるからです。**

ところが、残念ながら、「1日くらい遅れても平気だよね」と遅れて出してくる生徒もいます。それは一番運気を逃す行動だと思うので、私はずっと「前倒しが大事だよ」といい続けています。

瞬読もそろばんのトレーニングを踏襲していて、「一つの文字のグループを1

秒以内で見て、次の問題に進む」というルールにしています。読めるようになるまで文字を見つめるのではなく、読めなくても次に進みます。

解けるか解けないかが問題ではなくて、決められた時間内に終わらせることが大事だと体に覚え込ませるのが、その目的です。

本を読むときも、「1冊15分で読む」とまず決めることがコツです。

「今より速く読めたらいいいな」といった漠然とした考えだと、なかなか速く読めるようにはなりません。「15分で読む」と具体的に負荷をかけると、「そのためにどうしたらいいいか」と考えるようになります。

このようにすべてをスピードアップすれば、同じ1年という時間でも2倍、3倍に生きることができます。

15

日中のパフォーマンスが上がる睡眠時間には個人差がある

"Syundoku" will dramatically change
how you use your time!

日本人の平均睡眠時間は約7・3時間で、OECD加盟国33か国中、最下位となっています（2021年）。

それでも日本は世界一の長寿国です。

最近は、「睡眠はたっぷりとったほうがいい」という風潮がありますが、私は人それぞれだと思っています。

以前、テレビで89年の生涯で55年間眠っていないトルコの男性を紹介していました。毎日一睡もしていなくても、体に不調はありません。不眠の治療を何度もしましたが、効果はなかったそうです。ついに眠るのをあきらめて、夜中は趣味の手芸などをして夜を明かしていました。

この男性を調べた医師は、本人も気づかないけれども、日中に5～10分ほどずつ、目を開けたまま寝ていると指摘しました。数秒から数分間の短い睡眠を「マイクロスリープ」といいます。

この男性の話は極端な例ですが、必ずしも長時間眠らなくても、人は意外と平気なのかもしれません。

前述したココイチ創業者の宗次徳二氏の平均睡眠時間は、現役時代から3～4

時間だそうです。長年、その睡眠時間で生活していたので体が慣れたのだと思いますが、さすがに簡単にはマネできませんね。

日本人は電車で寝ている人も多いので、それで睡眠時間を補（おぎな）えているのかもしれません。

私の睡眠時間は5時間ぐらいです。それ以上長くても短くても、なんとなく調子が出ないので、5時間が私にとっては疲れがしっかりとれる質のいい眠りになっているのだと思います。

夜は、快適な眠りのためにリラックスできるアロマを部屋に漂わせて……と、ロマンティックな話をできればいいのですが、一日中、全速力で駆け抜けているので、ベッドに入ったとたんに眠りに落ちます。きっと『ドラえもん』ののび太のお昼寝よりも早く眠れる自信があります。

10分の仮眠が生産性を上げる

ただ、やはり日中に眠気に襲われることはあります。そういうときは、仮眠をとるようにしています。

眠いときは、コーヒーを飲んだり体を動かしたりしてみても、すぐに眠気が襲ってくるものです。眠気と闘いながら仕事をするのは効率が悪いので、10～15分くらい仮眠をとって、頭をすっきりさせてから仕事を再開します。

また、30分～1時間くらい余裕があるときは美容院に行ってヘッドスパやシャンプーをしてもらうこともあります。

そんなときのシャンプーは至福の時間です。そのまま眠ってしまうことも多く、それがちょうどいい仮眠になり、リフレッシュできます。おそらく、施術をしている担当者も、お客様が眠ってしまうことには慣れているでしょう。気持ちいいから眠れるので、そこはあまり恥ずかしがらなくていいのでは、と思います。仮眠をとらないときは考えごとをする時間にあてています。

頭を触られると脳がリラックスして疲れもとれますし、頭皮マッサージには顔のリフトアップ効果も期待できます。

また、シャンプーの担当者の腕はそれほど関係ないので、お店を選ぶ必要もありません。マッサージに比べると費用も安くすみますし、家に帰ってからシャンプーしなくてすむので「時短の極み」です。私にとっては魅力的な選択肢となっています。

近頃は、仮眠室をつくる会社も増えてきているといいます。

昼休みに仮眠をとって身も心もすっきりとして業務に臨んでもらったほうが、生産性は高くなると気づいたのでしょう。

会社で推奨していないと仮眠をとりづらいかもしれませんが、昼休みにネットカフェなどでひと眠りするぐらいならできるのではないでしょうか。

なお、睡眠時間は健康につながるので、「7時間以上眠らないと体がきつい」という人もいると思います。自分に合った睡眠時間を見つけて、それをキープすることが大事です。

16

完璧主義も、あなたの大切な時間を奪う「泥棒」

"Syundoku" will dramatically change how you use your time!

みなさんは、仕事のスピードを優先しますか。それとも、質を優先しますか?

私がこの質問をされたら、迷わずスピードを選びます。

もちろん目指すところは、最高のスピードと最高のクオリティの両立ですが、たとえば、本を読むのも、速く読むことと内容を完璧に理解することを同時進行でトレーニングしようとすると、なかなかうまくいきません。

ですから、瞬読では、まず速く読むことだけに集中します。最初から本を使うのではなく、文字を速く読むトレーニングをして、ペースがつかめたら、次に内容を理解するトレーニングに移ります(巻末参照)。

仕事も、まずスピードを身につけてから、クオリティを上げるという順番が大切です。

実際には、**スピードを優先しているうちに質が伴ってきます**。ほかの人が一つの仕事を終えるあいだに3倍の仕事をこなせたら、そのぶん、経験値が上がっていき、クオリティは自然と高まっていきます。

スピードを高めるときに邪魔になるのが完璧主義です。

時間をかけて完璧に仕上げた仕事で「いいね、これでいこう」となったらいいのですが、もしイチからやり直しになったら、そこまで費やした時間はムダになります。修正のための時間もかかります。

それを防ぐには、5、6割できた段階で、まずは上司や先輩に見てもらう。たたき台の段階で確認してもらい、アドバイスをもらいながら軌道修正するほうが時間もかからず、よいものに仕上がります。

それだけではありません。**人間の脳は、たとえば「30分以内に仕上げる」と決めたら、その時間内にやろうとします。**ですから、自分で締め切りを設けて作業にとりかかることで集中力が高まり、作業スピードが上がります。それをくり返すうちに質もついてきます。

完璧主義もあなたの大切な時間を奪う泥棒です。「きちんとできていると認めてもらいたい」とか、「中途半端にしたら相手に失礼だと思う」など、理由はあるかもしれませんが、ここに書いたように、たいていの場合、本人もまわりもいたずらに時間を浪費することになると知りましょう。

成果が上がる「朝令暮改」のルール

ビジネスの世界では、いつしか「朝令暮改（ちょうれいぼかい）は悪」というイメージが定着しました。上司も現場を混乱させないために、熟考を重ねてから指示を出すものだ、という風潮があります。

けれども、これだけ目まぐるしく世の中の情勢が変わる時代に、「熟考」はデメリットのほうが大きいのではないでしょうか。今の時代は「走りながら考える」、つまり「瞬考」が必須です。そのためには、朝令暮改をしなければならない場面は多々ありますし、とにかくやってみて、ダメだったら撤退するくらいのチャレンジも必要です。

したがって、一度部下に指示したことを、あとになってから撤回しても問題ないと思います。ただ、撤回は悪いことではありませんが、そこには判断軸となるルールにもとづいていることが条件です。そのうえで、そこまで作業を進めてくれたことに感謝して、「次に絶対に生かすから」「ムダにはならないから」などとフォローすれば、部下も納得してくれると思います。

CHAPTER

3

必要ない仕事に「時間」をかけない

17

集中の効果を持続させるには、タスクに合わせて、15分、30分、45分……。時間は常に15分単位で考える

"Syundoku" will dramatically change how you use your time!

仕事でも勉強でも、いかに集中して作業を効率的にこなすかは、誰もが抱える課題でしょう。

作業を効率的に進めるメソッドとして、25分間の集中と5分間の休憩を交互に行なう「ポモドーロ・テクニック」という方法があります。

ポモドーロ・テクニックは、イタリアのコンサルタントであるフランチェスコ・シリロ氏により1987年に考案されました。

当時大学生だったシリロ氏は、自分自身の集中力がなかなか持続しないことに悩み、キッチンタイマーで時間を計って、もっとも集中が続く時間を導き出しました。それが「25分作業+5分休憩」だったそうです。

そのとき使っていたタイマーがトマト型だったので、イタリア語でトマトを意味する「ポモドーロ」という言葉が使われました。

私も実践してみましたが、25分はちょっと長い気がしました。

「瞬読」を指導してきた経験からすると、私は**「15分」が集中が持続する最長の時間**だと思います。15分間集中して2分間の休憩をくり返せば、集中が途切れることなく、作業を進められます。

忙しいと、つい休憩もとらずに作業しがちですが、自分では意識していなくても集中が途切れています。作業そのもののスピードも落ちているでしょうし、合間にLINEのメッセージを読んだり、ほかのことを考えたり、別の作業をしてしまったりしている場合も多いでしょう。

実際にタイマーをかけて、15分で一区切りし、2分休んだら作業を再開する方法を試してみてください。今までより作業の効率が上がるのを実感できるのではないでしょうか。

15分間は集中して仕事をして、次の15分間は体を動かしてリフレッシュするというくり返しでもかまいません。要は、人間の脳の集中が続く15分間を意識して、メリハリをつけることで集中力を保ち続けることができるのです。

「時間の長さの感覚」を体に叩き込む

時間の感覚を意識できるようになると、時間の使い方も変わってきます。

私の会社では、会議や打ち合わせなどはタイマーをかけて行ないます。最初に終わる時間を意識するのでだらだらと長引くことはなく、45分でまとまります。

現在、テレビでコメンテーターとしても活躍しているバイオリニストの廣津留すみれさんは、小学校から高校まで大分県の公立校で学び、海外留学の経験もなく、塾にも通わず現役でハーバード大学に合格した才女です。さらにハーバード大学を首席で卒業後、ニューヨークのジュリアード音楽院に進学し、首席で卒業したというすばらしい経歴の持ち主です。

廣津留さんは、一つのタスクに5分間集中して、必ず終わらせる勉強をしていたそうです。スマホでタイマーをかけて、その間はスマホの通知やメールも無視して、全集中。バイオリンの練習もその方法で取り組んでいたといいます。まさに瞬読式の時間術です。

とはいえ、仕事の現場での5分間は短すぎるので、やはり15分間がちょうどいい時間だと思います。

何事も、行動を変えるのが結果を変える近道です。

人は行動で変わっていくものです。頭でわかっていても、行動に移さない限りは何も変わりません。

「15分ごとにタイマーかけるだけで何が変わるのか」と思う人は無理にしなくてもいいでしょう。でも、そこで「なるほど、とりあえず今日やってみよう」と思って行動できれば、必ず結果が変わります。

あれこれ考えるより、即行動。やってみて効果を感じなかったらやめればいいだけです。それが賢い時間の使い方だと思います。

18

1日たった15分の使い方を変えるだけで、人生も変わる

"Syundoku" will dramatically change how you use your time!

1日の約1％が15分、約2％が30分です。

私が朝活の時間を30分にしているのは、**「1日のうちのたった2％の時間を自分の意志でコントロールできない人は、何事も成しえない」**と考えているからです。30分の朝活を続けられない人が「起業したいんです」「本を書きたいんです」「資格を取ります」といっても、うまくいかないと思います。

何かを成し遂げたいなら、1％や2％の時間はコントロールできて当たり前です。さらに、それを継続できれば、成功を引き寄せられるでしょう。

たしかに朝5時に起きるのはつらいですが、この30分を確保すると決めると、前日の行動から変わります。そして朝活でその日1日のパフォーマンスが変わることはすでにお話しした通りです。

1日のうちのたった15分から人生が変わっていくのです。

ただ、前項で集中時間は15分が限界と書いたように、朝活の30分もいきなり集中はできないかもしれません。助走タイム15分、集中タイム15分になる人もいるでしょう。朝活も15分ずつで時間を区切ると集中しやすくなります。

ところで、会議や打ち合わせなどは誰もがなんとなく1時間と思い込んでいて、そのように設定されていることがほとんどです。でもなぜ1時間なのでしょうか。実は、会議の時間は短いほうが集中できてまとまりやすいのです。

1時間の会議をいきなり30分にするのは難色を示す人たちもいるでしょうが、15分早めに終わらせるくらいならできるかもしれません。

1日に何度も会議や打ち合わせをしなければならないような職場なら、15分ずつ短縮するだけでも、1時間くらいの時間が生まれる可能性もあります。会議や打ち合わせをなくすことはできなくても、自分なりに何とか時間を生み出そうとする姿勢が大事です。

なかには、社内全体の都合で、自分では動かせない会議もあります。

自分がいなくても問題のない会議なら、「参加しない」という選択もあると思います。

それができない環境なら、会議に参加しているあいだは企画のアイデアを練るなど、頭を動かす作業をしてマルチタスクをする方法もあります。もしくは、「このあと、どうしても外せない案件があるので」と中座するなど、いくらでも方法はあるはずです。

会議室にウェブカメラをつけて、誰でも自由にその会議を見られるようにしている会社があると聞きました。

それなら、音声だけで会議のやりとりを聞きながら、ほかの作業をすることも可能です。録画できるなら、帰りの電車の中で、倍速で観ることもできます。

今はオンラインなどの便利な環境が整っているので、いくらでも時間を有効に使える手段はあります。個人だけでなく、チーム全体で作業の見直しをして効率化できる方法を見つけられれば、チーム全体で時間を生み出せるようになるでしょう。

移動時間の15分であなたは何をしますか？

以前、新幹線に乗ったときのことです。

京都駅を出て、「新大阪には●分に着きます」と車内放送が流れたとたん、降りる準備をするために乗客がみんな動き出したので、私は驚いてしまいました。

京都─新大阪間は約15分です。

「あと15分だから荷物をまとめておこう」「あと15分だから、トイレに行っておこう」となるのでしょう。

私は、15分あれば、本を1冊読めると考えます。読書に限らず、その15分でできる作業をします。

この15分の積み重ねが、私たちの一生だといえます。

1時間は15分×4。

1日は24時間で、睡眠時間8時間を引くと、16時間。

16時間×4＝64。

つまり、1日で15分を64回くり返していることになります。

1日15分をムダなく使える人と、使えない人の差は小さいようでいて、とても大きいのです。

15分をムダなく使うためには、やはり「15分で何ができるか」を自分で知っておくことが大事です。

すると最初は15分かかっていたものが10分でできるようになり、さらに5分でできるようになり、「待ち合わせに5分も早く着いちゃったから、これやってしまおう」と、隙間時間を即、有効活用できます。

15分でできると思っていたことが10分でできたりすると、「残り5分もあるから、1分の作業を5つできる」とうれしくなるでしょう。

そのような感じで、私は1分1秒もムダにしたくないので、しょっちゅう時計を見ています。世の中で、私くらい時計を見る人はいないかもしれません。

「たかが1分で、おおげさな」と思われるかもしれませんが、TikTokも最初の頃は15秒しか投稿できませんでした。それでもかなりの情報を得られて、ダンス動画が爆発的にはやったりするので、15秒といえどもあなどれません。

さらに、私は移動時間もタイムスケジュールを決めています。

もし疲れていたら、まず10～15分ぐらい仮眠をとります。

私は30分も寝るとかえってつらくなるので、それぐらいの時間で十分です。アラームをかけて、夢の世界へ。起きたらすぐに、タイムスケジュールに沿って行動開始です。

たとえば、知人から著作を献本でいただくことが多いのですが、そのような本が3冊あったら、新幹線を降りるまでに3冊すべて読んで感想を返すところまでします。

また、飛行機での移動中は、メルマガを読む時間と決めています。

みなさんも感じていらっしゃると思いますが、メルマガはとっていても、なかなか目を通す時間がありません。だから東京から大阪のフライト70～80分ぐらいで、何十通もまとめ読みします。

もし、まだ疲れがとれていないなら、最後の15分でもう一度寝ます。

「忙しくて睡眠不足だから、移動中は寝ていたい」という人は多いでしょう。

ただ、2時間寝ると、その2時間をどこかで穴埋めしないといけませんし、夜眠れなくなったりします。それなら移動中に頑張って作業をして、夜早く眠るほうが、疲れはとれるかもしれません。

時間を区切って仮眠をとれば頭もすっきりしますし、移動時間が充実した自分時間に変えられます。

19

人生は、イエスかノーか、やるかやらないか、の選択肢しかない

"Syundoku" will dramatically change
how you use your time!

「やめる」「断る」「手放す」。一見ネガティブに感じる行動ですが、自分の大切な時間を守るためには必要なものです。

たとえば、帰宅して家族の時間を楽しむつもりだったのに、上司や同僚、取引先などから食事の誘いが入ったとき、すぐに断れるでしょうか。もちろん緊急の誘いは別です。気が進まないつきあいをすることほど、自分の時間をムダにするものはありません。

気の進まないつきあいを断れないのは、「断ったら相手にどう思われるだろうか」と考えてしまうからではないでしょうか。けれども、自分の人生において、他人からよく見られることが優先なのか、自分の心が躍る場所に行くことが優先なのかは、自分の判断軸で決めるしかありません。

上手に「ノー」という方法

時間を大切にしたいなら、「ノー」をいえる人になることです。

相手の期待を裏切りたくないかもしれませんが、断ったからといって関係が損なわれるものではありません。

「行けません」「無理です」「やれません」とそっけなく答えたら相手も不快に感じるかもしれませんが、「申し訳ありません、今回は先約があります」のように伝えたら、相手もすんなりと受け止めてくれるでしょう。

人は、誘いを受けたり何かを聞かれたりした瞬間に、すでにイエスかノーかを決めているものです。即座に「いいですね！」と返せるなら、それはイエスであり、即座に返せないなら、ほぼノーです。

直感的に答えは決まっていて、「スケジュールが合うなら」「予算が合うなら」のように条件をつける場合は、あまり気が進まないから理由をつくるのでしょう。イエスなら、自分からスケジュールを合わせますし、予算も何とかします。**人生は、イエスかノーか、やるかやらないかの選択肢しかない**のです。

即座に返事をする習慣を身につけるには、普段から「判断→行動」までの時間を短くするトレーニングをするのをおすすめします。

「できない理由」は考えない

たとえば、「上司にこの作業をチェックしてもらおう」と思ったら、すぐに相談しにいきます。

そこで「今は、上司は忙しそうだし」「疲れているときに話しかけたら、不機嫌になるかもしれないし」のように考え始めたら、あと回しにしてしまうでしょう。そうこうするうちに上司は出かけてしまい、結局その日は相談できなかった、というのはよくある話です。

人は、あれこれ理由をつけてあと回しにすることにかけては天才です。ですから、**「あとにしよう」と思う前に行動する習慣を身につけましょう。**

「即断即決デー」を決めてもいいかもしれません。その日は普段よりも直感的に答えを出し、すぐに行動するようにすれば、即断即決に慣れていくと思います。

即断即決で返事をするには、その返事が間違っていてもあまり気にしなくていいと思います。ただ、**「肯定的な返事をする」と決めておく**のがコツです。

有効期限：2025年10月末まで

WEBオンライン 瞬読体験会

無料で参加できる約１時間のオンライン体験会です。
瞬読とはどういうものなのかをオンラインで体験していただけます。

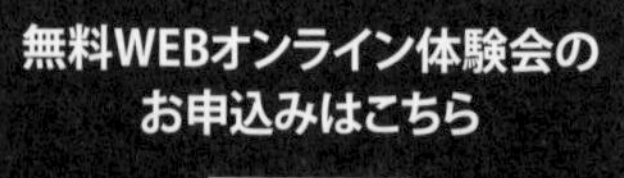

https://syundoku.online/l/u/bk

お問い合わせはこちら
support@syundoku.com

※本無料体験会は株式会社瞬読が実施するものです。

相手が「これ、できる？」と尋ねてきた場合には、「はい」と答えていったん引き取れば十分です。一度リアクションを示すための返事なので、考え込む必要はありません。

相手が「この仕事、今日中でお願い」といってきた場合には、「はい、わかりました」と答えます。それから内容を見て、その日に仕上げるのが難しそうなら「すみません、今日はスケジュールがいくつか重なっていて、明日の朝イチでもいいですか？」とすぐ確認すれば、相手は「それでもいいよ」というか、「それだと間に合わないから、ほかの人に頼むね」となるでしょう。

依頼に応（こた）えようとする姿勢が伝われば、結果的にダメだったとしても相手にはポジティブな印象が残ります。

私の場合、誰かから「何曜日、こういうイベントがあるけど、参加できる？」と尋ねられたら、まず「行きたい」という気持ちを表わすために、「はい、行きます」と答えます。

それからスケジュールを調べて、行けない場合でも、すぐに「実は、この日は北海道で仕事が入っていたので、次の予定を教えてもらえませんか」と伝えれば、

「じゃあ、次の機会に誘うね」といってもらえます。

最初に肯定的なワンリアクションがあると、今回はダメでも「次」につながるコミュニケーションが生まれます。

日本人の思考は基本的にネガティブ寄りなので、「肯定的な返事をする」と決めておくのは、自分も相手も気持ちよくつきあえるコツでもあります。

20

自分がやるべき仕事を極限までそぎ落とす

"Syundoku" will dramatically change how you use your time!

昔から、優秀な人に仕事が集まるといわれます。もちろんそれは真実ですが、なかには「人に任せるより、自分でやったほうが早いから」という理由で仕事を抱え込んでいる人もいます。私もかつてはそうでした。

でも、これはもったいないことだと思います。

たしかに、今だけ見れば、自分でやったほうが早いかもしれません。けれども、その先もずっと同じようにやり続けていたら、自分の負担はまったく減らないことになります。

人を指導し、育てるのは時間がかかりますが、それは大切な「自分の時間」をつくるための投資です。今は時間がかかっても、相手がひとり立ちしたときに自分の仕事は減り、自分の時間ができます。

忙しいからこそ、教えて育てて任せたほうがメリットは大きいのです。

人に任せられるかどうかは、自分自身を成長させるターニングポイントです。

私も塾の仕事を始めるまでは、時間はあり余っていました。塾を始めてからは、クラスを担当する講師や事務スタッフを採用して人数は増えましたが、私自身の忙しさは加速する一方でした。前述したように、毎日夜遅くまでフル回転で働いていました。当時の私は、「仕事のことを一番わかっている自分がやったほうが早い」と信じきっていたのです。

ところが、ある日、ふと「今以上に塾を大きくしていくためには、このままでは限界がある」と気づきました。それに、もし私が倒れたりしたら、たちまち塾も会社も回らなくなります。将来を考えたら、人に任せていくしかないのだと考えるようになりました。

そこで、経理の仕事や塾の管理、生徒の指導など、任せられる業務はどんどん任せていきました。

最初は、「私がやらないと仕事が回らないのでは？」と不安もありましたが、まったくの杞憂（きゆう）でした。むしろ以前より業務は順調に回るようになりました。最初こそ時間がかかりましたが、私より速く質のいい仕事をこなす社員もいます。「もっと早くから任せておけばよかった！」と思ったほどです。

今、自分自身の仕事は極限までそぎ落としています。塾の仕事は、社員に生徒の指導をすべて任せて、私は週に1回、社員を集めたミーティングに参加するのみ。スケジュール管理はもちろんのこと、仕事に必要な資料や書類も、その管理は秘書に任せています。「瞬読」「塾」「通信制高校」「出版関係」……と、それぞれに担当の秘書がいるので、必要な資料などがあるときも、「これですね」とさっと出してもらえます。それを私一人で管理していたら「あのときもらった資料、どこに行った？」と延々と探し回ることになるでしょう。

このように仕事をそぎ落としていくと、自分が想像している以上に、人に任せられることは多いのだと気づきます。

個人事業主やフリーランスであっても、今はクラウドワークスのように、誰でも気軽に外注できる環境が整っています。

すべてを自分で抱え込むのではなく、人に任せる。それは確実にあなたの時間を増やします。**時間は平等ですが、仕事ができる人ほど「使える時間」をたくさん持っているのです。**

「自分は部下の立場だから、任せる人がいない」という人もいるでしょう。そういう場合は、逆に上司に頼りましょう。

たとえば、企画を考えるように上司に命じられて、どれだけ頭をひねっても思い浮かばないとき。いくつかアイデアを書きだして、「今こんなことを考えているんですが、アドバイスをいただけませんか」と上司に見せてみます。タスク達成までの時間を大幅に減らせるだけでなく、完成度も高いものになるでしょう。上司も頼ってもらって悪い気はしないはずです。

上司をうまく使うのも、部下の能力です。なかなか契約が成立しない取引に苦労しているなら、勉強と称して上司に同席してもらって口説き落としてもらうのもアリだと思います。契約までの時間をショートカットできますし、上司の営業トークを間近で研究できるので、一石二鳥です。

苦手なことに時間をかけない

今の時代は、自分が苦手なことに時間をかける必要はないと思います。**苦手なことを克服しようとするのも時間を浪費する原因の一つ**です。

日本人は、苦手なことでも頑張って80点にしようとします。

それは子どもの教育も同じで、まわりの大人はあれこれアドバイスして苦手なことを克服させようとします。けれども、**苦手なことに時間をかけるより、得意なことを誰にも負けないくらいに伸ばすほうが早いですし、究めればその分野で突き抜けられます。**

もちろん、仕事の基礎を覚える段階では、あらゆることにチャレンジして、地力を養う必要があります。けれども、ある程度の経験を積んだら、自分の得手不得手はわかるでしょう。

得意な仕事に集中できるようにコントロールしないと、いつまでたっても仕事量は減らず、苦手な仕事でメンタルまで削られてしまいます。相手が上司であっても部下であっても、任せられることは任せる。そういう視点で自分の仕事を見れば、手放せる仕事は結構あるのではないでしょうか？

21

気づいていないだけで、手つかずの「時間」はたくさんある

"Syundoku" will dramatically change how you use your time!

電車やバスの待ち時間、車や電車での移動時間、仕事の合間のちょっとしたブレイク、エレベーターの待ち時間、レジで並んでいる時間、病院や銀行での待ち時間など……、私たちは想像以上に自分の時間を費やしています。

このような「隙間時間」はほかにもあります。

「コーヒーでも入れるかな」とお湯を沸かす時間や、お風呂のお湯を張るときやテレビを観ている最中のCMの時間など、探せばもっとあるかもしれません。

これらの「隙間時間」にあなたは何をしていますか?

たとえば、「1分」という時間は、意識しなければ、あっというまに過ぎ去っていきます。でも**目を閉じて1分間を意識して感じてみると、案外長いと思う**はずです。そう考えると「隙間時間」にできることはいろいろあることに気づきます。そして、たった1分であっても時間が生まれたら「何かをしよう」と体が動くようになります。

1分はデスクの上にある資料をさっと片づけたり、ショートメッセージなら、パッと読んですぐに返信できたりするくらいの時間です。予定やスケジュールをチェックしたり、スマホでニュース記事を1本読んだり、1分は短いようでいろいろなことができます。

少し前の調査になりますが、パナソニック株式会社が2014年に行なった調査では、現代人のムダな隙間時間は1日平均1時間9分とのこと。

「ちりつも」という言葉もあるように、3分や5分などのちょっとした時間も積もれば1時間を超えてしまうのです。

同じ調査で、「隙間時間を100%活用できている」と感じている人は、幸福度が平均70点（100点満点中）もあるという結果も出ています。

隙間時間を活用すれば、幸福度も上がるということですね。

そう考えると、「たった3分しかない」が「3分もあるから何かしよう」に変わるのではないでしょうか。

「まとまった時間がないからできない」と思い込んでいるだけで、隙間時間を使いこなせばできることはもっと増えるはずです。

時間を確保するお金は自分への投資

元日本マイクロソフト社長の成毛眞(なるけまこと)さんは、アメリカの本社でビル・ゲイツの働く姿を見たときに、その博識ぶりに驚き、世界でもトップレベルで忙しいであろうビル・ゲイツの読書量の多さに衝撃を受けたそうです。ビル・ゲイツの行動を観察していると、車での移動時間などに勉強していることに気づきました。

そのときから成毛さんも移動をすべてタクシーに切り替えて、車中で本を読むようになったとインタビューで語っていらっしゃいました。

「通勤に往復2時間かかるとして電車の乗り換えで読書を寸断されるくらいだったら、タクシーに5千円払って本を集中して読む時間を取ったほうが得」というのが成毛さんの考えです。

「通勤に5千円は高い」と思うかもしれませんが、成毛さんは「年間200日の通勤でタクシー代が年間で100万円かかったとしても、400時間も本を読めるとすれば、今より200万円くらい多く稼げるようになるのは難しくない」とも語っています。

つまり、本を読んで知識が身につけば、それがいずれ自分のキャリアアップにつながるということです。**目先の5千円を惜しむより、5千円を自分への投資と考えて、勉強する時間を確保する人**が、将来チャンスを得られるのでしょう。

私はこの成毛さんの意見に共感し、移動にはタクシーを使うようになりました。その時間に集中してメールを読んで返信したり、スタッフに電話をするなどの時間にあてたりしています。

すると、仕事中にメールの着信メッセージを見ても、「あとで車の中でチェックしよう」などと、ほかの仕事を中断しないですむようになりました。

成功者が自分で車を運転しないで運転手を雇うのは、安全面の理由もあるでしょうが、移動中に仕事をするのも理由の一つでしょう。

電車も混んでいたら仕事ができないので、お金を払ってグリーン車や特急に乗るのも自分への投資になります。そういえば、YouTubeのCMの時間も待たないために、お金を払ってプレミアム会員になっている人も多いのではないでしょうか。わずかな時間であっても、「時間」にはそれだけの価値があるということです。

22

「返事」は明日に持ち越さない

"Syundoku" will dramatically change
how you use your time!

極論かもしれませんが、**私は世の中に「時間をかけることで得すること」は、ほとんどないと思っています。**

作家や画家などのアーティストが時間をかけてつくり上げる作品には、もちろん価値があります。人気の靴職人に靴をオーダーしたら1年待ちだった、という場合も待つ価値はあるでしょう。

けれども、私たちがいるビジネスの世界では、「3日かけてプレゼン資料をつくりました！」というのは何のアピールにもなりません。今は無料でテンプレートを提供しているサイトがいくらでもありますし、ＡＩで瞬時にプレゼン資料をつくってくれるサービスもあります。

時間をかけることに価値はなく、どれだけ短時間でクオリティの高い仕事を提供できるかどうかが大事なのです。

前述したように、私はとにかく**「返事はすぐにする」と決めています。**

誰かに何かを相談されても、すぐには返信できないようなメールを受け取っても、その場ですぐに何か返しています。

なぜなら、**返事を持ち越すと、自分の予定に「返事をしなければならない」というタスクが増えてしまう**からです。

ですから、イエスでもノーでもすぐに結論を出して答えています。

そもそも、一度メールを読んでから、「あとで時間があるときに返信しよう」と先送りすると、また同じメールを読まなくてはなりません。これは同じ作業を2回くり返しているので、ムダな時間を生む原因の一つです。

「メールは読んだらすぐに返す」と決めておいたら、その作業を持ち越さず、その時点で終えられます。

なかにはじっくり考えないと答えられない質問や相談もあります。それでも、「考えてから、あらためてお返事します」という返信だけはすぐに送ります。

「あとで考えて返答するのなら、読んですぐに送ると二度手間になるのでは？」と感じるかもしれませんが、メリットは十分あります。

「あとでメールしよう」と保留にしておくと、目の前の仕事に追われているうちに、そのメールの存在を忘れてしまうこともあります。それで、相手から「先日お送りしたメールの件ですが……」と連絡が来て、メールを探して読み返すという経験がある人もいるのではないでしょうか。

すぐに返事するのを習慣化すると、仕事がスムーズに進みます。

「ちゃんとしたメールを送らなければ相手に失礼だ」と思っているのは自分だけかもしれません。なぜなら、相手は返事を待っているからです。何も返信がないと「届いていないかもしれない」「何か問題があるのかもしれない」と不安にさせることにもなってしまいます。

結論はあとになるとしても、「あとでご連絡します」の一文をすぐに返すほうが、相手のためになります。ビジネスメールはマナーも大切ですがスピード重視です。というより、**スピードがマナーになる**のかもしれません。

また、「この集まりに参加しませんか?」と誘われて、返事をどう返そうか迷っているあいだにほかの人に決まってしまったら、チャンスを一つ逃すことになります。それに、誰しもすぐに返事を返してくれる人をお誘いしたいと考えるものです。「この人は、きっと1日で返事は返ってこないだろうな」と思われてしまうのは、もったいないと思います。

チャンスをつかむのは一瞬です。

成功している人は、時間の価値を知っているので、返事が早い方ばかりです。

「忙しいから、返事は明日になるかな」と思っていても、その日のうちに返ってきます。その瞬発力で、きっとたくさんのチャンスをつかんできたのでしょう。

23

好奇心があれば次々と情報を引き寄せられる

"Syundoku" will dramatically change how you use your time!

瞬読を普及しているのに何ですが、究極的には、本は表紙を見るだけでも十分意味があると私は考えています。

その本を選んだ時点で、そのテーマに対してアンテナが働いています。手元に置いておけば、中身は読まなくてもいいかもしれません。本を最初から最後までていねいに読んでも、自分の中に何も残らなかったら、実りのない時間を過ごしたようなものです。

最近の本は、カバーと帯（おび）のコピーでその本がどういう内容なのかをしっかり説明しているので、中身を読まなくてもだいたいわかります。買った本を本棚にしまわずに机の上などに置いておくと、ずっとアンテナが立ったままになるでしょう。そのうえで、本をパラパラとめくっていけば、自分が欲しいと思っている情報を効率よく拾えるはずです。

人にあってＡＩにないものに発想力があると書きましたが、もう一つが好奇心だと思います。

先日、あるうなぎ屋さんでランチをしたのですが、フランク・ミュラーのお皿で料理が出されました。「うなぎ屋さんで海外のブランドのお皿を使うのはめずらしいな」と思いました。

そのお店はインテリアや内装もモダンで、「うなぎといえば『和』」というイメージをいい意味で壊していました。お店の方に感想を伝えると喜ばれて、おしゃべりで盛り上がりました。

その夜のことです。

ある仕事関係のパーティーに出席したら、お土産（みやげ）がフランク・ミュラーのクッキーだったのです。さらに、特殊加工をほどこしたお皿を製造販売している会社の経営者の方も参加していたのですが、そのお土産を見て「実は、フランク・ミュラーの柄のお皿をつくりたいんだよね」と話していらっしゃいました。

「5年に1回くらいしかフランク・ミュラーのことは話題にしないのに、1日に3回も名前を耳にするなんて！」と驚いた1日でした。

「引き寄せの法則」はみなさんもご存じだと思いますが、「引き寄せ」も、その人がどれだけいろいろなことに興味・関心を持っているかによります。アンテナをしっかり立てていると、自分の興味がある話題を自然と引き寄せられるのです。

このアンテナが立つベースになっているのが「好奇心」です。うなぎ屋さんに行って、「今日のうなぎはおいしいな」で終わってしまっては何も起こりません。そこで、出されたお皿やお店のインテリアに興味を持ったから、その日はフランク・ミュラーにアンテナが立ったのです。それが次々にフランク・ミュラーの話題を引き寄せたのだろうと思います。

たとえば、欲しいカバンがあると、街中でそのカバンを持っている人ばかり目につくことはありませんか？　興味を持つと、効率的に情報が集まってきます。

私は好奇心が人間にとって一番大切なものだと思っています。子どもも大人も同じで、好奇心がある人は常に学び続け、新しい情報を探し続け、アンテナが立っています。そして、好奇心こそスピードの原動力です。

「おもしろそう！」「やってみたい」とわき上がる気持ちが、瞬時に行動するエネルギーとなるでしょう。

CHAPTER

4

ムダを捨て、本当にやりたいことに集中する

24

本は、読めば読むほど、個人の能力を爆上げする最強ツール

"Syundoku" will dramatically change
how you use your time!

なぜ、今本を読まなくてはならないのでしょうか？

それは私が書いた本を読んでいただきたいからです……というのは冗談です。

理由は、世の中の人が本を読まなくなってきているからです。

最近話題のChatGPTは文章を作成するだけではなく、曲もつくれれば、イラストも描けます。そのようなＡＩ全盛期に、多読を目指すのは時代に逆行しているように感じるかもしれません。

しかし、読書から得られる教養の差がビジネスの質の格差、所得の格差、幸福度の格差を生むといわれています。私は今の時代だからこそ、読書が成功のカギを握るのだと考えています。

紙の本ではなくても、電子書籍でもオーディオブックでもいいのですが、一つのテーマでこれだけ多くの情報を得られるのは、やはり本の最大のメリットです。それもさまざまな分野の専門家が自分の知見を惜しげもなく披露してくれるのですから、こんなにすぐれたツールはないでしょう。

ChatGPTは本の要点や要約を教えてくれますが、情報のリテラシーを向上させてくれるわけでも、発想力や読解力などを養ってくれるわけでもありません。

ChatGPTを使いこなせるだけでは成功できませんが、ChatGPTのような未知の技術をつくれれば、世界的な成功を収められるでしょう。それができるようになるには基礎知識はもちろん専門的な知識が必要ですし、発想力や洞察力も必要です。そういった能力を養ってくれるのは、やはり本です。

読めば読むほど、さまざまな分野のディープな知識を吸収できる本こそ、成功への究極の時短ツールなのではないでしょうか。

どんな分野でも、人と同じことをしていては成功はできません。世の中で読書が廃(すた)れていくのなら、その逆をいけば成功に近づけることになります。

チャンスをつかむ人の共通点

チャンスをつかむ人は、二段飛ばしや三段飛ばしで目標に到達するイメージがあります。コツコツ努力して積み重ねていく時期もあるでしょうが、ある程度実力が身についたら、二段飛ばしで成功に向けて加速します。

最近は、中学生で起業する人もいます。

いわゆる「大学を出て、社会人としての経験を積んでから起業する」という流れをショートカットして、学生のうちに起業してしまう決断力や行動力は、必ずチャンスを引き寄せるでしょう。

特に中学生や高校生の起業家は世間で注目されるので、成功者の目に留まりやすくなります。それがビッグチャンスとなり、もし成功者とつながりを持てれば、一気に引き上げてもらえる可能性もあります。

また、ビジネスが成功しても失敗しても、それは得難い経験です。将来、どこかの企業に就職するにしても、起業した経験があれば、「フロンティア精神」や「経営者目線」を持っているので、どこでも重宝されるはずです。そのことからも、自らチャンスをつかまえにいく人は、最速で成功を引き寄せられます。

もし憧れている人がいるなら、自分から会いにいきましょう。

ただ待っているだけでは、よい縁は訪れません。

憧れの人がセミナーや講演会などを開いているなら、行かない理由はないでしょう。そこで質疑応答時間があるなら必ず質問します。もし質問で当たらなかったとしても、終了後に話を聞くか、名刺を渡すくらいの積極性は必要です。

セミナーなどで直接会う機会がない相手なら、SNSでつながりを持てばいいのではないでしょうか。

今はX（旧Twitter）やFacebook、Instagramなどでフォロワーになれば、運がよければ相手と交流できます。必ずコメントをもらえるとは限りませんが、思いきって気になることを聞いてみたら、何か反応があるかもしれません。憧れの人がオンラインサロンを開いているなら、参加すればぐっと距離が縮まります。そのような行動力や瞬発力は、瞬読でも身につけられます。

瞬読は「そのときの自分に必要な情報をすべて取得する」読み方ですが、日常生活の中でも**自分にとってプラスになること、自分がしたいことを直感で感じられるようになる**ので、迷わずに即行動できます。

私の学習塾の生徒たちは、本を速く読めるようになっただけでなく、コミュニケーション能力や想像力なども開花し、勉強以外の分野でも好成績を収めるようになりました。すると自信が生まれ、積極性も出てきます。それは大人も同じでしょう。瞬読は自分の可能性を広げてくれるので、成功への近道を最速で見つけられるでしょう。

25

初対面の人と最速で親しくなる方法

"Syundoku" will dramatically change how you use your time!

本書の目指すところは、単に時短ができるようになるだけではありません。

これまで書いてきたように、**迷いや悩み、完璧主義などあなたの時間を奪うものから自由になり、リアクションを速くして、時間の流れをスムーズに変えていく、生き方そのものを改革するメソッド**です。

ところで、私は初対面の相手に会う場合、その人の最新の本やブログ、SNSの発信内容にざっと目を通してから会うようにしています。

それは最短で相手との仲を深めるためです。

会ってはじめて「ご出身はどちらですか?」「どんな趣味をお持ちですか?」「今までどんな仕事をされてきたのですか?」のように、会話をしながらイチから情報を引き出していたら本題に入る前に時間切れになってしまいます。

相手が情報を発信しているなら、事前にそれを把握しておけば、「大阪のご出身ですよね、私も大阪に住んでいて……」のように、自分から話題を提供できます。

自分に関心を持ってくれていると知ったら、あなたの印象がよくなるのは間違いありません。

忙しくて事前にリサーチする時間がなくても、会う前の移動中に相手のSNSを軽く確認しておくくらいで十分です。そういう場面でも、瞬読で身についた力は役に立ちます。

今の時代、何も準備をしないまま相手に会うのは失礼だと思ったほうがいいでしょう。もっとも、年配の方はSNSをしていないことも多いので、そういう場合は事前の情報は得られないかもしれません。ただ、それなりの地位にある方は過去にメディアに出ている確率が高いので、何らかの情報を拾っておくと話のきっかけに使えます。

さらに、**私は初対面の人と会うときやセミナーに参加するときなど、あらかじめ3個くらいの質問を用意しています。**

話が途切れて気まずい沈黙が流れたとき、そのタイミングで用意していた質問を投げかけたら、再び話が盛り上がります。相手に「楽しくおしゃべりできた」と印象づけられたら、また会いたいと思ってもらえるでしょう。

質問は話し下手の人の味方になってくれます。

自分から話題を提供するのはハードルが高くても、質問ならできるでしょう。いくつか質問を用意して相手に話をしてもらうほうが、はるかにラクです。

また、「話し上手より聞き上手を目指しましょう」とよくいわれますが、ただ相槌（あいづち）を打っているだけではつらいものです。そんなときも合間に質問を投げかければ、そこから話を掘り下げられるので、より深い交流ができるでしょう。

第一印象はすでに会う前に決まっている？

私は、**第一印象も会って0・2秒で決まる**と思っています。その0・2秒がマイナスから始まってしまうと、取り戻すのに時間がかかります。だからこそ、第一印象をよくする努力が必要です。

そのときも、やはりＳＮＳを上手に使えば、直接会う前に印象をよくすることができます。このように考えると、**第一印象はすでに会う前に決まっている**といえます。

チャンスを呼び寄せるためには、自分から情報を発信するのは必須です。もはや発信しないという選択肢はないと思ったほうがいいでしょう。

私もSNSを使っていますし、Facebook や Instagram、X（旧 Twitter）など、情報を発信できるものはすべて使っています。情報のチャンネルを一つ増やせば、それだけ私のメッセージに触れてもらえる機会が増えるので、チャンスも増えていくと実感しています。

SNSの使い方については、毎日家族や子どもの出来事を投稿すれば、家庭的な人であると印象づけられます。

なんとなくランチの写真を投稿しているだけでは印象に残りませんが、訪れた飲食店を毎日紹介しているなら、「食通なのかな」と思ってもらえるでしょう。長年、ブログやXを続けているだけでも、「持続力のある人なのかな」と印象に残ります。

「1年で1千冊読書した」「フルマラソンに挑戦した」のようにアピールできるポイントをプロフィールに書けば、自分の強みを相手にインプットしてもらえる効果があります。

相手も会う前に自分のSNSを見ていると仮定して、自分のイメージを形づくる投稿を心がければ、会ってからもその効果は持続するでしょう。

またおそらく、みなさんもそうだと思いますが、名刺交換をしたあとで、相手のSNSをチェックすることもあるのではないでしょうか。

それも想定したうえで、SNSで自分のブランディングをしましょう。

リアルな場では真面目(まじめ)でも、SNSでは「実はゆるキャラが好きです」などと、くだけた投稿をしてギャップを演出するのも、すぐれたブランディングです。

26

AIを最高の時短ツールにできる人が持っている「力」

"Syundoku" will dramatically change
how you use your time!

前項で質問についてお話ししましたが、質問力はこれからの時代で生き残っていくための必須のスキルです。

ChatGPTなどのＡＩを使いこなすにも質問力が不可欠です。

すでに海外では、ＡＩにどのように質問すればいいのかをアドバイスするコンサルタントまで誕生しています。質問をビジネスにしてお金を稼ぐ時代になっているのです。

私もChatGPTは使っていますし、使いこなせる人がビジネスでは有利に立てると考えています。

ChatGPTには膨大な量の書籍や情報が蓄積されているので（ただし無料版は２０１９年までのデータになっている）、今まで自分で検索して1万字読まなくては得られなかった情報を、瞬時に要約してくれます。

もちろん、内容に誤りがあることもあると指摘されているように、１００パーセント信頼できるわけではありません。だからといってまったく使わないのではなく、上手に取り入れるために「人間の知恵」が試されるのではないでしょうか。

ChatGPTやメタバースなどの最先端のテクノロジーにどれだけ自分が興味を

持ってついていけるかで、これからの時間の使い方は変わってきます。
スマホをだらだらと見続けていると時間をムダに奪われるだけですが、目的があって使うのなら、最強の武器になります。むしろスマホを使いこなせないと時短できないでしょう。

また、ChatGPTは人間に忖度（そんたく）する能力もあるようで、「1＋1＝3」だといい続けていると、最初は「2です」と否定していても、「3です」と答えるようになるそうです。軸がブレやすいChatGPTの回答を精査するには、やはり読解力や理解力、情報リテラシーは欠かせません。それらの能力を高めるためには瞬読が役に立ちます。

語学習得に時間を費やすより大切なこと

翻訳アプリの精度も上がりました。
そのおかげで、英語ができなければ海外では何もできないという時代ではなくなってきています。普通の旅行や日常のコミュニケーションくらいなら、翻訳アプリで十分通用します。

私はモンゴルで事業を展開する準備を進めていますが、現地の人とやりとりするときには翻訳アプリを使っています。日本語で吹き込めば、瞬時にモンゴル語に変換されるので、何の支障もなくコミュニケーションできています。

語学を勉強するために時間をかけるのなら、世界中のいろいろな国の言葉を翻訳するツールを持って、すぐに世界へ飛び出したほうがいいと思います。現地で自分の目で見て、自分の耳で聞いて、自分の足で歩いた経験こそ、ＡＩには真似できない知識や知恵となります。

今後、語学はそれほど強みにはなりません。今やバイリンガルやトリリンガルはたくさんいます。**大事なのは、「自分は何を考え、何に興味を持ち、何ができるのか」という自分自身の中味です。**それを発信できる人なら、どこの国でも通用すると思います。

今後、学校教育も大きな転換期を迎えることになるでしょう。

もし生徒が授業中にChatGPTに質問すれば、先生よりも詳しい回答を瞬時に得られるかもしれません。先生として選ばれるためには、黒板に教科の内容を書くだけの教師ではなく、「人間的な魅力」や「個性」が必要になるでしょう。

そんな時代がやってくるのを、恐ろしいと感じるか、すごい時代になる！　とワクワク感じるかは分かれるところでしょうが、私自身はすっかり楽しんでいます。

ＡＩを駆使して自分が望むスキルや経験を身につけ、自分の好きな場所で自由に働ける時間やフリースタイルな生活を手に入れることができれば、最高の人生なのではないでしょうか。

27

時間を生み出すために昨日を捨てる

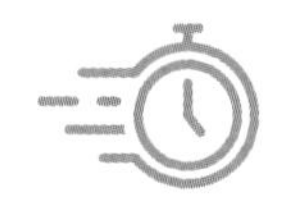

"Syundoku" will dramatically change
how you use your time!

私たちの身のまわりは昔に比べて断然便利になりました。

何をするにも以前より時間がかからなくなっているはずなのに、「時間がない」と感じるのは、プロローグでも書いたように「情報」が多すぎるからです。

私たちは常に情報に囲まれていて、1日のうちに意識していないものまで含めると膨大な数の選択と決断をしています。そのため常に「あれもしなければ」「これもやらなければ」という切迫感があるのでしょう。

経営の神様のピーター・ドラッカーは**「イノベーションを行なう組織は、昨日を守るために時間と資源を使わない。昨日を捨ててこそ、資源、特に人材という貴重な資源を新しいもののために解放できる」**という名言を残しています。

私もこの考えに共感します。

何か新しいことを始めるときは、何かを捨てなくてはなりません。

私も人に任せることで自分の仕事をかなり手放しました。それができなければ、今も塾の経営だけで手いっぱいだったでしょう。

大切なのは、何が自分にとって本当に必要であり、何が大事なのかを見きわめることです。**本当は必要ではないのに、ため込んでいるものや捨てる勇気がないもの、ありませんか？**

年を重ねると、人間関係でも取捨選択は必要になってきます。人生のバッテリーが残りわずかになっているのに、話していても楽しくない人や人の足を引っ張るような人とムリしてつきあう時間はありません。

自分にとって不要な仕事や負担を捨て、本当にやらなければならない仕事に集中すれば、頭の中が整理され、パフォーマンスは向上します。

私は自分がやるべき仕事に集中するために、日常生活でもあらゆることを捨てています。

たとえば、何かを探し物をしている時間はムダですよね。コクヨ株式会社が行なった調査によると、1日のうち書類を探す時間はおよそ20分だとか。1年間に換算すると、約80時間に相当します。書類以外の探し物を合わせれば、その倍の時間はかかっていそうです。

探し物をなくすためには、ものを減らすのがもっとも手っ取り早い方法です。

私は1年間で家中のものを徹底的に断捨離しました。

どのような断捨離を行なったのか、その一部をご紹介します。

・クローゼットの中の服の量を決める

おそらく、みなさんのクローゼットの中にも、「もうサイズが合わないけれど、あまり着てないから捨てるのはもったいない」「想い出の服だから捨てられない」という、冬眠状態の服があるのではないでしょうか？

私はクローゼットに収納する服の量を決めています。

たとえば、新しい服を3着購入したら、クローゼットの中の、あまり袖を通さなかった服を3着、誰かにあげたり処分するようにしています。

また、私は服の上下の組み合わせを考える時間がもったいないので、選ぶ服は、ほぼワンピースの一択です。

女性は「今日は何を着て行こう。これは昨日着たし、今日は雨降りそうだし」と服を選ぶ時間がかかります。そこで悩む時間を私は捨てることにしたのです。

本当に好きな服だけを残したら、どれを選んでも好きな服だからいいか、と思えるようになったので、満足しています。

さらに、アイロンの必要な服も買いません。クリーニングに出しに行く時間もムダなので、家で洗濯できてアイロンをかけずにすむ素材の服を選んでいます。

そうすると、自然とブランドが決まってくるので、服を買うときはそのお店でしか買わなくなりました。

・キッチンは必要最低限のツールだけにする

キッチンも、気づくと道具であふれかえっているエリアです。

特に今は時短のための便利グッズが豊富なので、ついつい買ってしまい、あまり使わないまま棚にしまわれているグッズもあるのではないでしょうか。

料理をしている最中に「計量スプーンはどこだっけ?」「菜箸が見当たらない」と引き出しの中を探すのは時間もムダですよね。

そこで、私は最低限使うツールだけに絞りました。

料理はたいてい目分量（めぶんりょう）でつくるので計量スプーンも計量カップも必要ないですし、菜箸も普通のお箸で代用できるので必要ないな、と処分しました。お鍋も必要なものだけ残し、徹底的に処分しました。おかげで何がどこにあるのかすぐわかる、すっきりしたキッチンになっています。

ものが少なくなると掃除をするのもラクなので、いつも清潔感あふれるきれいなキッチンになりました。

・バッグの中の迷子を撲滅する

バッグの中は、ものが迷子になることが多いですよね。あんなに小さなスペースでものが見つからなくなるのは本当に不思議です。

その探す時間をなくすためには、やはり持ち歩くものを絞るのが必須です。

私は普段持ち歩いているハンドバッグには、スマホと化粧品を入れている小さなポーチ、お財布と手帳とペン、ハンカチ、ご飯を食べるときの髪留めぐらいしか入れていません。このハンドバッグ一つでどこでも行きます。

私は整理整頓が苦手なのですが、ものをとことん減らしたら、家中がすっきりしたので収納に悩むことはなくなりました。

収納の達人は、いろいろな便利グッズを買ってきて上手に収納しますが、私はそこに時間をかけるぐらいなら、ものを持たないほうがいいと考えます。

我が家は夫がきれい好きなので、私が3日ぐらい留守にしていると、家がさらにすっきりとしています。冷蔵庫の中がきれいになっていたかと思えば、次は靴箱、今度はクローゼットという具合に、使用していないものが捨てられています。「あれ、あの靴捨てちゃったの?」と聞くと、「もう2年ぐらい履いていないいんだから、いらないでしょ」と返されます。私が捨てきれなかったものも代わりに捨ててくれるので、「客観的に判断してもらえてありがたいな」と思っています。

ただ、我が家の例は特殊かもしれません。普通は夫婦であっても勝手にものを捨てるとケンカになるかもしれないので、自分のものだけで実践するほうが安全だと思います。

28

時間そのものは増やせない。
でも「物事を遂行する時間」
は短縮できる

"Syundoku" will dramatically change
how you use your time!

０・２秒で即決断、即返答というと、「そんなにせかせか生きて、何が楽しいの？」と感じる人もいるかもしれません。

私がお伝えしたいのは、**スピードを上げることでせかせかと余裕なく生きるのではなく、即決断や即返答で生み出した時間を自分を成長させることに使ったり、人間関係を充実させたり、本当にやりたいことをやるための時間にあてたりして人生を楽しんでほしい**ということです。

一流の人ほど決断や行動が速く、仕事はもちろん自分の時間を存分に楽しんでいます。どんなに稼げる人でも時間を増やすことはできません。お金は稼げますが、時間は限られています。１日を24時間から48時間にできる人はいません。

私のセミナーに参加する方に経営者や、その業界では成功されている方が多いのは、お金は自分の力で稼げるけれど、時間は増やせず、ムダな時間は取り返せないことをわかっていらっしゃるからではないかと思っています。

時間そのものを増やすことは不可能ですが、**「物事を遂行する時間を短縮す**

る」ことはできます。

たとえば、世界で活躍しているトップアスリートや欧米の大企業のトップはプライベートジェットを持っている人が多いですが、単なるお金持ちのステイタスとして買っているわけではありません。

みなさんも飛行機に搭乗するときに待たされた経験があると思いますが、特に夏休みなどの混み合う時期は手荷物検査場まで長蛇の列ですし、搭乗口の場所によっては延々と歩かされることもあります。乗るときに手荷物を預けたら、今度は降りてから荷物が出てくるまで待たなくてはなりません。

プライベートジェットなら、そういう手続きをすべてショートカットできます。つまり、「煩(わずら)わしい時間をなくす」ためにプライベートジェットを買っているのです。

日本人は新しいお店や話題のお店の行列にためらいなく並ぶ人が大勢います。けれども、それは何も生み出さない時間です。もちろん並ぶことに価値を見出し、並ぶことと並行して勉強したり、情報収集などをしたりしているなら別です。

しかし、時間の価値をわかっている人は、みんなと一緒に並んで待つことは絶対にしないでしょう。その時間があるなら仕事をします。どうしても並ばないと手に入らないものなら、誰かにお金を払って代わりに買ってきてもらうでしょう。

ユニバーサル・スタジオ・ジャパンの、待たずにアトラクションに乗れるユニバーサル・エクスプレス・パスは、時期によっては5万円ぐらいしますが、売れていると聞きます。

「お金の節約をしたい」と思う人が列に並んで、「時間の節約をしたい」と考える人が高額のチケットを買うのだと思います。長時間家族と一緒に並ぶのも思い出になると考えるのならいいでしょうが、並んでいる時間に一つでも多くのアトラクションをまわれたほうが、楽しい思い出をたくさんつくれるのではないでしょうか。

世界的に有名な投資家のウォーレン・バフェット氏との昼食会の権利が、オークションで25億円で落札されて話題になったことがありました。

バフェット氏がおすすめの銘柄を教えてくれるわけではなく、バフェット氏が自身の人生観や仕事観を語る場のようです。それを聴くために何十億ものお金を出す人もやはり、かけがえのない体験をできる時間をお金で買っているのだといえます。

コスパを考えるのであれば、バフェット氏の本を読めば十分です。

けれども、バフェット氏本人が、自分のために目の前で話をしてくれる時間は、それこそプライスレスです。ときにはコストパフォーマンスを度外視してお金を投資するのが、一流の人のお金の使い方なのでしょう。

「自分でしなければ」という思い込みをなくす

働きながら子育てをしている世代は、積極的に家事代行を頼んでみてはいかがでしょうか。それも「時間をお金で買う」行為です。

私は家事が苦手です。掃除も洗濯も好きではないし、料理も得意とはいえません。

特に、大掃除など本格的な掃除は、それに3日間もとられるのならプロに頼みます。普段掃除できないところなど、きれいにするのにはかなり時間がかかりますが、プロの機械を使ったらあっというまにきれいになりますから。

エアコンや洗濯機を分解して掃除しても時間がかかるだけですし、そこまでしても、プロのように上手に掃除できないかもしれません。それどころか元通りに組み立てられなかったら困りますよね。

仕事も家事も子育ても全部自分で頑張ってやろうとして、自分が倒れてしまっては元も子もありません。

日本ではまだまだ家事を自分でやらなければいけないという義務感の強い人が多いようです。食洗機を買うことですら、「自分で洗えばすむことだし……」と、難色を示す人もいます。

夫婦で家事を平等に担当しようと、数百個の家事の項目のリストを作成して共有している家庭もあるようですが、そんなことに時間をかけるのなら家事代行にお願いしたほうがいいでしょう。細かく担当を分ければ分けるほど、「担当なのにやってない」と互いに責めるようになり、夫婦仲がギスギスしていく気がします。

海外では富裕層以外でもお手伝いさんを雇って家事をしてもらうのはめずらしくありません。学生がお小遣い稼ぎに、近所の子どもの子守りをするのも日常の光景です。

自分の健康と家族との時間のためなら、堂々と家事代行を利用できるのではないでしょうか?

それ以前に、家事ができないことに対して罪悪感を抱く必要はありません。誰でも得手不得手はあるのですから。

掃除が苦手な人はプロに掃除を頼めばいいし、料理が苦手な人は料理が上手な人につくってもらったほうが、タイパがいいのは間違いありません。今はこれだけ便利なサービスがそろっているので、利用しないほうが損だと思います。

29

一流の人のノウハウや経験に学ぶのは、最大の時短術

"Syundoku" will dramatically change how you use your time!

プロフィギュアスケーターの羽生結弦さんと元体操選手の内村航平さんが、以前、ある賞の表彰式で会ったとき、羽生さんは内村さんを質問攻めにしたそうです。

「僕は練習でできていることが、試合でできないんです。どうすれば、練習と同じようにパフォーマンスが出せるのでしょうか？」

こう質問した羽生さんはいうまでもなく世界のトップアスリートです。

その羽生さんの質問に対して、やはり同じトップアスリートである内村さんは、「週に2回、試合とまったく同じ流れで試合だと想定して準備から演技までの練習をする」と答えていました。

一流の人ほど一流の人の「経験」から貪欲に学ぼうとするのでしょう。私は、**何事も一流の人から学ぶことは最大の時短術**だと考えています。

私自身、さまざまなセミナーや講演会に参加してネットワークを築いてきました。目の前のことで精一杯なのに、出会いのために時間とお金をかけていられないという人もいるかもしれませんが、そこは思いきってかけるべきだと思います。

あとで何十倍にも何百倍にもなって自分に返ってきます。

もちろん一流の人といっても、著名人とは限りません。

名前が知られていなくても、その分野に精通している人はたくさんいます。

私もFacebookのコミュニティで、さまざまな分野で活躍されている方をゲストにお招きして、動画で対談してきました。それは私自身の学びにもなります。

また、今は多くの人がＳＮＳコミュニティを活用して、情報を発信しています。一流の人のノウハウや考え方を動画で観れば、成功者の思考を最短で学ぶことができます。


普段の生活でも、一流の人や専門家の話を聞くのは時短になります。


試行錯誤しながら、一人で一生懸命ゼロから汗をかくのも大切ですが、すでに知っている人やすでにできている人に教えてもらえば、一人だと3日かかることが15分ですむかもしれません。

仕事で悩んでいることがあるなら、社内で一番詳しい人や仕事ができる人に話を聞いてもらえれば、あっというまに解決できるでしょう。

今はオンラインサロンを開いている人も多いので、そういうコミュニティに参加するのも、自分でできる行動の一つ。クローズドの場でしか教えてもらえない情報を発信しているので価値はあると思います。入会しようかどうか迷うのはそれこそ時間のムダ。入ってみて、自分には合わないと思ったら退会すればいいだけです。

一流の人のノウハウや経験則を利用して、最短で成功する方法を身につけましょう。

CHAPTER

5

あなたの大切な「自分の時間」を見直すワーク

30

私たちは、時間がないのではなく、必要のないことに時間をとられているだけ

"Syundoku" will dramatically change how you use your time!

自分の時間を見直すワークの基本は、チェックリストづくりです。

まず、昨日1日で自分が何をしたのかを見直します。

朝起きたときから夜眠るまでの行動のすべてを紙に書きだしてみてください。

仕事なら、会議、営業、企画の提案、資料作成、データ入力、接客、販売、研究、製造などの業務のほか、上司への報告、部下への指導、メールの対応、クライアントへの電話、チームでのLINEのやりとりなど、あまり時間を意識していない作業も入れてみましょう。通勤時間も忘れずに。

プライベートでは、料理や掃除、洗濯などの家事のほか、お子さんの送り迎えや宿題を見ている時間、寝かしつけている時間、犬の散歩なども含まれます。

食事の時間やお風呂の時間、ゲームをしている時間、本を読んでいる時間、動画やネットを見ている時間なども書き込みましょう。

次に、それらの行動を3つに分類してみてください。

・絶対に削れない時間
・すぐには削れない時間
・すぐに削れる時間

実際に書きだしてみると、意外と削れる時間が多いことに気づくはずです。

通勤時間などは絶対に削れない時間に分類されると思いますが、たとえば通勤に往復2時間かけているなら、その時間にほかのタスクを組み合わせれば、そのぶんの時間を削れるでしょう。

仕事の接客なども絶対に削れない時間だと思うかもしれません。

そこで考えを止めるのではなく、次に、接客している最中の行動を細かく分解してみます。

飲食店のホールスタッフなら、お客様を席に案内する、水を出す、注文を聞く、料理を運ぶ、会計をするなど、タスクがたくさんあるでしょう。

タスクを出し尽くしたら、来店して水を出すタイミングで注文を聞く、キッチンに伝えに行く途中でほかのテーブルであいたお皿を下げるなど、タスクを組み合わせてみます。小さなタスクを変えるだけでも時間の節約になります。

1日の行動をすべて書きだしてみることで、「ここは思っていたより時間をとっているな」「このタスク、必要かな？」と客観的に判断できるようになります。

すると、**時間がないのではなく、必要ではないことに必要以上に時間をかけていることが多い**のだとわかってくるのではないでしょうか。

それが見えてくれば、どう解決すればいいのかを考えればいいだけです。

あとは、やる・やらないを決めてこなせば、すべてのことが今までの半分の時間で終わるかもしれません。

31

どうしても成し遂げたい仕事、やりたくない仕事に分ける

"Syundoku" will dramatically change how you use your time!

組織にいる以上、組織から求められるものと自分がしたいことが違う場合は往々にしてあります。けれども、それを「仕方のないこと」と考えている人はまだまだ多いのではないでしょうか。そのような人に質問です。

「それは本当に仕方のないことですか？」

今の組織を選んだのは、ほかでもない自分自身です。

現在自分が抱えている仕事に対して、いかに成果を上げるか、スムーズにこなすか、質を高めるか、試行錯誤するのに時間を費やすことはあるでしょう。しかし、この会社に自分が合っていない、やりたいことができないことに鬱々としたり愚痴をこぼしたりする時間はムダだと思っています。

つまり、今の自分の状況に納得していないのなら、それは「仕方のないこと」ではなく、転職するか、社内の環境や待遇を変えるかのどちらかではないでしょうか。

不満があるのに、現状を変えようとしないで今の環境にいるのは、組織に身も心も飼いならされているようなものです。自分の時間を取り戻すためには、何らかの行動を起こすしかありません。何かを変えるために行動する時間は建設的で、未来の自分のための投資でもあります。

行動を起こす勇気がないなら、せめて与えられた仕事に全力で取り組むしかないでしょう。そうすれば自分の糧にできます。

「上司がわかってくれない」と思うのだとしても、その場所を選んでいるのは自分自身です。

反対に、上司が「仕事ができない部下ばかりで困る」といらだつのだとしても、やはりその場所を選んでいるのは自分です。

時間は有限です。誰かのせいにするのではなく、環境のせいにするのでもなく、すべて自分の行動と選択の結果だと受け止めて次に進むべきです。

そのときに役立つのが、**時間の整理と同様「思考の整理」**です。

前項のワークで1日に自分のしていることを書きだしたとき、**「自分がどうしてもやりたい仕事」「やりたくない仕事」も併せて考えてみます。**

自分がやりたい仕事に紐(ひも)づいている大切なタスクだ、自分には向いていないタスクだから時間がかかっているなど、一つ一つを検証していきます。

もし、やりたくない仕事だらけだったら？

その場合、**「自分が成長できるか、できないか」**で考えてみましょう。

そうすれば、「これ以上、上司の理不尽な指示にしたがっていても、自分は成長できない」と、新天地に移ることを選ぶかもしれません。

逆に、「今はつらくても、将来起業するために、このスキルは磨いておいたほうがいい」と働き続ける選択をすることもあるでしょう。

私の知り合いの編集者さんは、「自分が本当にやりたい企画、売れると信じる企画をやる」と決めています。企画を通すときは、いつも「この企画を却下されるなら、別のところに行く」と決めて臨んでいるそうです。ある企画のプレゼンで「却下」となったとき、彼は本当に別の会社に移ったと知り驚きました。そして、移った会社で形にした企画は、ベストセラーとなりました。

もちろん、今の会社で上司を説得して企画を通すのもアリです。

ただ、日本の企業は上層部ほど保守的で、新しいチャレンジをしたがらない傾向があります。もし自分の職場がそのような環境だとしたら、説得するために時間をかけるよりは、自分のやりたいことをできる環境に移るほうが早いかもしれません。

自分の人生でどれくらい充電が残っているのかを考えて、このまま今の環境にいることが自分にとってプラスになるのか、マイナスになるのかを、考えてみてはいかがでしょうか。

自分が本当にしたいことをできる会社を選ぶのもいいですし、今の職場でそのまま働きながら、自分が本当にしたい仕事を副業でする道もあります。

今はいろいろな選択肢があるので、現在の環境に我慢している必要はありません。一度きりの人生なので、**自分らしく生きる道を選ぶのが、もっとも生きた時間の使い方**でしょう。

32

自分のしたいこと、好きなこと、ワクワクすることに集中して時間を費やし、幸福度を上げる

"Syundoku" will dramatically change how you use your time!

ここまでお話ししてきたように、「瞬読式」時間術は、ただのタイムマネジメントの方法ではありません。「瞬読」の考え方をベースに、**時間のムダ・タスクのムダを省き、1日の中にゆとりを生み出し、自分が本当にやりたいことに集中して時間を使う思考術・行動術が身につくもの**です。

前述したように、私は先延ばしにしていることや、なかなかやる気になれないことは「やらなくていいこと」だと考えています。

やらなくていいことは自分の時間からも、思考からも取り除いてしまうのをおすすめします。自分が24時間で何をしているのかを書きだして、「これは必要なタスクだから〇（マル）」「これは必要ではないから×（バツ）」と取捨選択していくのは、わかりやすい方法です。

ただ、すべてのタスクをそのまま残して時間を小分けにして実行しようとすると、結局「時間が足りない」と焦り、いらだつ日々から抜け出せないでしょう。

だから、**思いきってやらなくていいこと、やりたくないことは削除するのが自分の幸福度を上げるための最善策です。**

そのためには、近藤麻理恵さんの『人生がときめく片づけの魔法』（河出書房新社）ではありませんが、「ワクワクするかどうか」で決めてもいいと思います。

多くの人が時間術を学びたいと思うのも、自分の人生を幸せに生きるためだと思います。「瞬読式」時間術の最終目的も、自分のしたいこと、好きなこと、ワクワクすることに時間を費やして幸福度を上げることです。

仕事で営業は楽しいけれども書類仕事は苦手なら、書類仕事はなるべくしないですむような方法を考える。そのような仕分け方をしてみましょう。

これからはいかに好きなことをやるか、する必要のない我慢を最小限にするかが大切です。そのために「わがまま」に生きてもいいと思います。

人生の主人公は自分自身です。もちろん、自分の幸せのためには周囲の人が幸せを感じていることも欠かせません。「自分のやりたいことや幸せが何か」を見つける努力は、結局まわりを幸せにすることにつながります。

前のほうでもお伝えしましたが、私は不登校で悩んでいるお子さんや親御さんが自分らしく生きるために、メタバース上に通信制高等学院（サポート校）を開校しました。

今は学校で学ぶ以外の選択肢はいくらでもあります。学校に通いたくない理由はそれぞれありますが、どのお子さんも無限の可能性を秘めています。学校に通いたくないという理由だけで、その可能性をつぶしてしまうのはもったいない、力になりたい、と思っています。自分のワクワクすることを見つけて、そのスキルを磨き、世界で活躍できるようになってほしいと願っています。

もし、みなさんが今の仕事でワクワクするタスクが一つもないなら、それこそ大問題です。

このまま自分が働き続けていて何を得られるのか、一生ワクワクしない仕事と出会えないままでいいのかを自問自答すれば、おのずと答えは見えてきます。

もし家族と過ごす時間が何よりも大事なら、仕事自体はワクワクしなくても定時であがれる仕事を選べば、満足度は高くなります。

自分がワクワクすることに時間を割(さ)けば、より充実した人生を送れるでしょう。

そのための「瞬読式」時間術です。

33

やりたくないことも、どうせやるなら楽しんでやる

"Syundoku" will dramatically change how you use your time!

「やりたくないことはやらなくていい」と、ここまでお話ししてきましたが、一度もトライせずに決めてはいけません。

たとえば社会人になったばかりで、まだ何のスキルも身についていない人が「つまらないからやりません」などといったら、仕事ができない人生まっしぐらです。どんな仕事でも基礎は大事。どんな嫌な仕事でも楽しむ気持ちで、3回はやってみましょう。

「瞬読」トレーニングも、間違えたときは「楽しい！」といってくださいと指導しています。「嫌だ」「難しい」ではなく、「楽しい」と連発するのです。脳は楽しいと感じることをどんどんやろうとするので、目の前の仕事を続けられるようになります。

私にも、気が進まないけれどもやらなくてはならない仕事はあります。

たとえば、どうしても参加しなければならない講座や交流会などがあるとします。そういう場合は、むしろ「何か一つでも学んで帰ろう」と気持ちを切り替えます。

いやいや参加して、「つまらないな」と思いながら過ごしたら、それこそ時間のムダ使いになります。自分の貴重な時間を費やすのなら、せめて「学ぼう」という能動的な姿勢で臨むのが私のスタンスです。

そうすると、終わったあとで「意外とおもしろかったな」「勉強になったこともあったな」と満足できます。


「やりたくないこと」にも学びはあります。学びが必要な時期は、苦手な仕事ややりたくない仕事を、むしろどんどん引き受けたほうがいいと思います。

理由は、よくいわれることではありますが、大変な仕事のほうが自分を成長させられるからです。

最初から、嫌な仕事をすべて拒否していたら、何も身につかずに空(から)っぽなままです。**何でも最初の頃は人一倍やってみて、人よりも早く成長する。それも時短術の一つです。**

34

使う「言葉」を変えて時間の感覚を変える

"Syundoku" will dramatically change how you use your time!

「言霊」という言葉があるように、言葉には力があり、口にしたことは現実になりやすくなります。

自分で「今日は元気が出ない」といってしまうと、何をやっても気力がわかず、さらに憂鬱になる出来事を引き寄せてしまうことがあります。逆に、「私、今日めっちゃ元気やねん」と自分にいい聞かせると、本当は体調がイマイチでもエネルギーがわいて乗り切れるものです。

脳は自分の発言する言葉に影響を受けやすいため、言葉を変えると思考もポジティブに変えられるといわれています。

プロフィギュアスケーターの羽生結弦さんが、本番でリンクに滑り出してから曲が始まるまでのあいだに、「できる、できる、できる」と自分にいい聞かせていたのは有名な話です。

ボクシングの村田諒太選手は、奥さんが紙に書いた「金メダルが取れました、ありがとうございます」という言葉を冷蔵庫に貼って毎日眺めていたそうです。

プロゴルファーのタイガー・ウッズは、試合中に対戦相手のボールにも「入れ！」と念じているのだとか。その理由は、「外せ！」と願ったら、相手のボールが入ったときに落胆して自分のプレーに影響してしまうからだそうです。

そのような話を聞くと、言葉の選び方は大事だとわかります。

自分が「無理」「しんどい」といっていると、そのような状況を引き寄せてしまい、「楽勝」「できる」といい続けると、望む結果を実現しやすくなるのです。

自分自身に対して肯定的な言葉を発することで、自信や前向きなエネルギーを引き出し、人生をよりよい方向に導くことができます。

「疲れた」を「充実している」といい換える効果

瞬読で大量の本や文章を読むとボキャブラリーが増えます。そして、ボキャブラリーが増えたら表現力が豊かになります。

それに加えて、瞬読のトレーニングを生かして、ネガティブな言葉を一瞬でポジティブな言葉にいい換えるトレーニングがあります。

たとえば仕事から帰って、「あー、今日も疲れたな」といった瞬間に、どっと疲れが押し寄せてくるように感じたことはありませんか？　家族もその言葉を聞いていて、楽しい気持ちになれないのはいうまでもありません。

それを、「今日も充実していたな」といい換えると、仕事でどんなにつらいことがあったのだとしても、気持ちが上向きになってきますし、家族も明るい気持ちになります。

「失敗」という言葉は**「成功の始まり」**といい換える。「0点」という言葉は**「上がるしかない」**、「古い」は**「趣(おもむき)がある」**、「未熟」は**「伸びしろがある」**、「しつこい」は**「粘り強い」**。このようにネガティブな言葉も表現を変えればポジティブな言葉になります。

相手が「私は消極的ってよくいわれるんです」といったら、「思慮深いんですね」と、それこそ0・2秒でいい換えられれば、相手の気持ちは前向きになり、人間関係はよくなります。そうなればすべてが好転するので、「一瞬でポジティブな言葉にいい換えるワーク」、略して瞬ポジはおすすめです。

ネガティブな言葉は、たとえそれが正しかったとしても、それをいわれた相手は傷つき、いい感情を抱かないでしょう。そこから関係がギクシャクしていき、いざこざが生まれるかもしれません。そうなったらトラブルに対処するために時間をとられて、相手に対してさらにいらだつようになるでしょう。

ネガティブな言葉からはムダな時間しか生まれません。**人間関係が悪化したらムダに頭を悩ませ、トラブルを次々に招くので、ポジティブな言葉で相手に好感を持ってもらうほうがタイパはいい**のです。

結局、人間はコミュニケーションがすべてです。コミュニケーションがうまくいくと、人生の歯車がうまく回り出します。ポジティブな言葉を使って、いい関係を保ち続ければ、ずっと心地よい時間の中で過ごせることになります。


物事は裏から見るか表から見るかでとらえ方が変わります。

相手にいいづらいことも、いおうかどうしようかと迷っているくらいなら、表現を変えて伝えたほうが相手のためになります。

たとえば、「仕事が遅いね」だと相手は傷つきますが、「仕事がとてもていねいだね。ここをこうしたらもっといいよ」のように。

「この人、なんか暗いな」と感じたら、「あなたはとても落ち着いているね。もう少し笑顔があるともっと素敵になると思う」と伝えると、ニコッと笑ってくれたりします。

「ちょっとがさつだな」と感じたら、「あなたはすごくパワフルで、場が明るくなるね。ここに気をつけてもらえたらうれしいな」と伝えたら、「気をつけよう」と思ってくれるかもしれません。

仕事が半分しか終わっていないときに、「半分しか終わってないんだ」という一言を投げかけたら、怒られていると感じて、「一生懸命やっているのに」と一気にやる気はしぼみます。

「半分も終わったんだ！　頑張ったね」と伝えたら、もっと頑張ろうとモチベーションは上がるでしょう。

言葉を変えて思考が変わると、時間の感覚が変わってきます。

「忙しくて時間がない」と感じているなら、「たくさん使命を与えてもらっているんだな」と考えれば、自分に対して期待してくれる人がいることを意識し、忙しい今の状況が生きがいになります。

私自身、以前は仕事がなくて、誰も期待もしてくれてなくて、「私はダメな人間だな」と思っていた時期もありましたが、今は「ものすごく忙しいけれど、こんなに大勢の人に期待されているなんて、ありがたい」と感じています。だから、日本全国のどこかに招かれれば、どんなに過密スケジュールでも飛んで行きます。

ポジティブな言葉にいい換える習慣はトレーニングで身につきます。

みなさんも自分なりのポジティブないい換えを考えて、ゲーム感覚で楽しみながら身につけてください。

35

落ち込んだときはガッツポーズ。行動を変えると思考が変わる

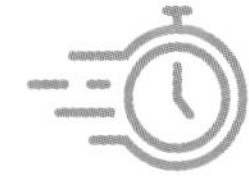

"Syundoku" will dramatically change how you use your time!

仕事で失敗したり、人間関係がうまくいかなかったりして落ち込んでしまうのは、避けようにも避けられないものです。

考えても仕方のないことなのに、気がつけば「あのとき、ああしていればよかった」「あんなことをいわなければよかった」と、いつまでも考えてしまいます。

失敗やトラブルは、次に同じような場面のときに過ちをくり返さないように教訓にしましょう……と、いったところで、くよくよした気持ちが吹き飛ぶわけではありません。

私は落ち込んだときはガッツポーズをとったり、ピースをしたりします。

どちらもやる気のあるときやうれしいときにするポーズなので、それだけで脳内にやる気が出るホルモンが分泌されるそうです。

これは科学的にも証明されています。

米サンフランシスコ州立大学のエリック・ペパーらは、110人の大学生を対象に、「背中を丸めて歩くグループ」と、「同じ側の手足を同時に動かして歩くグループ」に分けて、アクション後に元気度を評価してもらう実験を行ないました。

その結果、手足を同時に動かすヘンテコな動きのチームは、元気度が大幅に向上しました。

一方、背中を丸めて歩いたチームは、実験前は元気だった人でも実験後は元気がなくなっていたという結果が出ました。

つまり、**行動が変わると思考が変わる**ということです。

脳を上手にだます方法

しんどいときほど下を向かずに上を見上げると、それだけで気持ちが上向いてきます。

ですから、自分なりの元気ポーズを持っておくといいかもしれません。落ち込んだときは元気ポーズをとる癖をつけておくと、悩みの沼に引きずりこまれそうな意識を断ち切れるでしょう。

「人は楽しいから笑うのではない。笑うから楽しいのだ」という心理学者ウィリアム・ジェームズの言葉があります。

「大丈夫、たいしたことないから」とポジティブな言葉を投げかけたり、笑顔をつくったりするだけでも脳はだまされて気持ちは上向いていきます。

もっと手っ取り早い方法として、私は「明日になったら全部切り替える」といい聞かせて、ベッドに入って寝ます。

人間が眠るのは、その日に学習したことのいくつかを忘れるためともいわれています。たとえば、大失恋をずっとひきずっていたらつらいものです。でもそのときの痛みを1年後も同じ痛みのまま抱えている人はいないですよね。つらいことがあっても人間が生きていけるのは、寝るたびに記憶が少しずつ整理され、薄くなっていくからです。

だから、**嫌なことがあった日は、「寝て起きたら、私の体も脳みそも全部入れ替わっているんだ」といい聞かせてさっさと寝ます。**

目が覚めたら、「あ、入れ替わっている！」とすら感じるくらい、気分はすっきり。そうすれば再び顔を上げて前に進んでいけます。

瞬読も気持ちを切り替えるために役立ちます。

本を2、3冊瞬読したら、そのあいだは集中できるので、ほかのことに意識が向かなくなり、気分が落ち着いてきます。そのように、自分で瞬ポジできる習慣があるといいですね。

最高のパフォーマンスを引き出す魔法の言葉

また、ちょっとスピリチュアルな話になりますが、私は「神様は自分の中にいる」と唱え続けて、いつも自分を励ましています。

目に見えないけれども自分を見守ってくれている神様が自分の中にいると信じて、しんどいときに「神様は自分の中にいる」と唱え続けると気持ちが落ち着き、元気がわいてきます。

悲しいときや苦しいときだけではなく、うれしいときも楽しいときも「神様は自分の中にいる」と唱えると、さらにパワーが出ます。

私にとって、最高のパフォーマンスを発揮できる魔法の言葉です。

プレゼンの本番前や難しい交渉をする前に「神様は自分の中にいる」といい聞

かせたら、自信を持って話せるかもしれません。そして、うまくいったら自分の中の神様に感謝しましょう。

このような方法を取り入れることで、落ち込んだりネガティブな状況に陥ったりしたときに、自分自身を励まし、前向きな意識を保つことができます。ぜひ試してみてください。

巻末付録

実践！ 時間を味方につける瞬読トレーニング

ここからは、瞬読のトレーニング方法をご紹介します。

一般的な速読法は、最初から本を使って眼球を速く動かしたり、マインドマップを作成したり、目のピントの合わせ方についてレクチャーします。これらの方法は、なかなかできるようにならないので速読をあきらめた方も多いでしょう。

瞬読は、まず速く読めるようになるための準備運動からスタートします。それから実際に本を読んでみるという順番です。

また、本を読んだあとで、本に何が書いてあったのかを紙に書きだします。本を読むというインプットと、要約や感想を書きだすというアウトプットがセットになったメソッドです。

これは読んだ内容をイメージで取り込む右脳の働きと、読んだあとに内容を書きだす左脳の働きの両方を鍛えるためで、左右の脳をバランスよく鍛えることを目的としています。

瞬読をマスターするためのステップは主に4つになります。

ステップ① 変換力を鍛える

人間の脳はバラバラに見える文字を、本能的に既知の情報に変換しようとする働きがあります。

たとえば、「□石二鳥」のように四文字熟語の1字だけ空欄になっているクイズがあると、瞬時に文字を入れて四文字熟語にするでしょう。

脳は無秩序な状態を嫌い、正常に整った状態を好むので、一瞬で文字を組み立てられるのです。そのような能力を「変換力」と呼んでいます。

変換力を鍛えるには、ランダムに配置された文字のグループを、自分の知っている単語に変換し、その単語のイメージを思い浮かべるトレーニングを行ないます。

これによって右脳が鍛えられます。

やり方は、

❶文字を並べ替えて、元の単語を推測する
❷イメージを思い浮かべる

この2つを一つの文字グループにつき1秒でこなします。適度なリミットがあったほうが脳はより活性化し、潜在的に持っている力を最大限に発揮できるようになります。

「長くても一つ1秒まで」を守って、答えがわからなくてもどんどん進めていってください。

ステップ②　イメージ力を鍛える

複数行の文章を瞬時に読み取るトレーニングをします。

文章を一言一句ていねいに読み取るのではなく、キーワードを文章から拾い上げて、それらのワードからその情景を思い浮かべます。それによってイメージ力は鍛えられます。

たとえば、次のような文章があったとします。

麦わら帽子をかぶった
小さな女の子が
公園のベンチに座って
シャボン玉を吹いています

この文章のキーワードは「帽子」「女の子」「ベンチ」「シャボン玉」です。この4つさえ認識できれば情景を思い浮かべられるので、その文章を読めたのと同じ効果があります。「てにをは」などの助詞や「座る」「吹く」のような動詞を読み飛ばしても、文章を理解できるということです。

これも、一つの文章を1秒以内で見て、情景を思い浮かべて次に進むという流れになります。

ステップ③　本を「右脳読み」する

ステップ①とステップ②のトレーニングを終えたら、実際に本を読んでみます。①と②のトレーニングはゲーム感覚で楽しめるので、何回でも試してみてください。

このステップでは、手元にある本を1冊、②のトレーニングの要領で1行ずつ、2行ずつと複数行の文章をかたまりで読んでみましょう。文章の最初から一字一句を目で追っていくのではなく、それぞれの行に出てくるキーワードをパッパッと拾い上げていって、頭の中で情景を思い浮かべていきます。

最初は1行ずつ、上から下に目で追いながらキーワードを拾い上げていく感じかもしれませんが、慣れてくると2、3行を目を横移動させながらキーワードを拾い上げることもできます。

さらに上級者は、1ページを丸ごと瞬読する人もいれば、見開き2ページを瞬読する人もいます。多くの方は分速5000文字程度の読書スピードに到達するので、200ページぐらいの小説やビジネス書を30分以内に読み終えられるようになります。瞬読トレーニングを続けていると読むスピードは速くなっていくので、ぜひ継続していただきたいと思います。

ステップ④　本の内容をアウトプットする

ステップ③までは右脳を鍛えるトレーニングですが、最後は左脳を鍛えるトレーニングです。

これは従来の速読法にはない、「仕上げ」の段階です。このステップを通して、本の内容が記憶に定着するようになります。

つまり、読んで理解した情報を、自分の言葉でアウトプットすることで、記憶に残りやすくするのです。

アウトプットの仕方には、特に決まりはありません。

ノートや原稿用紙に書きだしてもいいですし、誰かに話してもかまいません。思いつくまま文章を書いていっても、箇条書きにしても、印象に残った単語を書き留めるだけでもＯＫです。文章力は問わないので、自由に書きましょう。

特に制限時間は設けていませんが、10分ぐらいで400字詰め原稿用紙4、5枚にびっしり書く人もいます。

なお、パソコンやスマホに打ち込むより、手書きをおすすめします。それは手先を動かして文字にすることに脳を刺激する作用があり、さらに記憶に残りやすくなるからです。

すっかり手書きの習慣がなくなってしまった方は多いでしょうから、このステップを面倒に感じるかもしれません。

それでも、このステップで仕上げをしないと、「ただ速く読んだ気になっているだけ」という状態になる可能性大です。

せっかく読んだ本を自分の知識にするために、インプットとアウトプットをセットにして行なうようにしてください。

なお、瞬読についてもっと知りたい方は、瞬読シリーズの拙著をぜひ参考にしていただければと思います。

それでは、さっそくトレーニングしてみましょう！

問題1 変換力を鍛える(縦書き)

元の単語を推測して、頭でイメージしよう

①希を抱望く

②信持つ念を

③目定め標をる

④心らぎの安

⑤自愛す分をる

⑥化すに進る常

⑦絶ず学えぶ

⑧心の太の中陽

⑨の希明望日へ

⑩美い青し空

⑪来へ未歩の一

⑫とも楽てしい

※答えは248ページ

問題2 変換力を鍛える（縦書き）

元の単語を推測して、頭でイメージしよう

①識す時を意間る

②へ未資来の投

③で君はきる

④毎感る日謝す

⑤性の可無限能

⑥は財間産時

⑦効の追率求

⑧の魔顔笑法

⑨負い心けな

⑩を追い夢け続る

⑪日い自は新し分明

⑫今間きこを生の瞬る

※答えは248ページ

問題3 変換力を鍛える(縦書き)

元の単語を推測して、頭でイメージしよう

①は決人の積み生断重ね

②限を打界る破す

③自持つ分える力を超を

④恐れ変ないこ化しとをよ

⑤迅定速で明意確な思決

⑥レブな軸を持いつ

⑦悩乗みをえてり越いく

⑧々日善に努の改める

⑨下え休む手に似たの考り

⑩仲一る緒に間とり越乗え

⑪諦い心めなを開が道く

⑫でまで挑きる続け戦しる

※答えは248ページ

問題4

変換力を鍛える（縦書き）

元の単語を推測して、頭でイメージしよう

①い一新し始ま日がる

②けよう時追い間をか

③一を高瞬値めの価る

④希の扉を開望く

⑤すべあるて味がに意

⑥に目あのけるをるも向

⑦忘れ謙をな虚さい

⑧今の瞬こ間に善をくす最尽

⑨正い努し報わ力はれる

⑩成段を功へのぼの階る

⑪時ジトす間をマメンネる

⑫生が劇好人転す的にる

※答えは248ページ

問題5 変換力を鍛える（横書き）

元の単語を推測して、頭でイメージしよう

①瞬切に間を大する

②来は明い未る

③戦は挑長だ成

④希わな望を失い

⑤の道成め功のた

⑥仲と実間践るす

⑦一つ進むず歩

⑧一歩確日実に一

⑨点ぐとつ点をな

⑩立ち逆か境に向う

※答えは248ページ

問題6 変換力を鍛える（横書き）

元の単語を推測して、頭でイメージしよう

①ンチはンピチャス

②現す夢を実る

③直たが感にしう

④位を優先める順決

⑤を味時にする間方

⑥択を正選するしい

⑦創を働造力せるか

⑧迷するに実わず行

⑨度敗すに立ち失る上がれ

⑩どんも乗りな困越難える

※答えは248 ～ 249ページ

問題7 変換力を鍛える(横書き)

元の単語を推測して、頭でイメージしよう

①険で人冒ある生は

②勇て進気を出しむ

③チ起スャ死回ン生の

④未くるの来をつは今だ

⑤良に生今最きる日を

⑥自性を信分の可じる能

⑦常択をに前な選す向きる

⑧挑る勇戦す気つを持

⑨きを大心のする輝切に

⑩るこ人はができ変わとる

※答えは249ページ

問題8　変換力を鍛える（横書き）

元の単語を推測して、頭でイメージしよう

①も公時最平間はなもの

②有う使間をど限の時うか

③自力に限分の能界なはい

④長成適ゾは快ーンにの外

⑤今の成日力が明の努日功

⑥メを見つターンようけ

⑦的に理く体想は具描

⑧来去で未過来去は過は未

⑨人最で楽後ましむ生を

⑩に輝仲く未間と共来へ

※答えは249ページ

問題9 変換力を鍛える（円状）

元の単語を推測して、頭でイメージしよう

①

ル
マ　ー
ル　イ

②

指
方　の
き　生
針

③

き
大　択
選　な

④

イ
デ　よ
い　ア
ア

※答えは249ページ

問題10 変換力を鍛える（円状）

元の単語を推測して、頭でイメージしよう

②	①
り 損 善 得 よ 悪	他 利 己 よ 利 り
④	③
よ 責 り 自 責 他	挑 よ 戦 安 り 定

※答えは249ページ

問題11 変換力を鍛える(円状)

元の単語を推測して、頭でイメージしよう

①

毎 せ 日 幸 が

②

ん ゅ じ か つ じ

③

イ プ レ ラ ス ス

④

り が と あ う

※答えは249ページ

問題12 変換力を鍛える（円状）

元の単語を推測して、頭でイメージしよう

①

る

中　す

集

②

し

た　い

の

③

き

起

早

④

ス

考　プ

ラ　思

※答えは249ページ

問題13 変換力を鍛える（ランダム）

元の単語を推測して、頭でイメージしよう

①

書　の
養
心
は　読
栄

②

し
挑
新
戦
い

③

り　は
な
継
力
続

④

げ
野
広　る
を
視

※答えは249ページ

問題14 変換力を鍛える（ランダム）
元の単語を推測して、頭でイメージしよう

①
せ イ パ 幸 タ な

②
チ が い 毎 新 ン 日 ャ ス し

③
か に な で い き 君 し

④
物 は 失 宝 敗

※答えは249ページ

問題15 変換力を鍛える（ランダム）

元の単語を推測して、頭でイメージしよう

①

慣 た 功 の の め 成 習

②

考 化 現 思 る は 実 す

③

乗 分 ろ り 自 え 越 を

④

目 を く つ 持 高 標

※答えは249ページ

問題16 変換力を鍛える(ランダム)

元の単語を推測して、頭でイメージしよう

①

の　め　々　る　動　す　に　た　行　人

②

ビ　的　ヨ　長　ジ　ン　な　期

③

続　を　る　け　信　念　持　ち

④

と　り　関　切　に　を　大　人　の　わ

※答えは249ページ

「変換力を鍛える問題」解答

※問題によっては答えが複数になり得るものもありますが、ここでは1つの答えのみ載せています。

問題1 ①希望を抱く ②信念を持つ ③目標を定める ④心の安らぎ ⑤自分を愛する ⑥常に進化する ⑦絶えず学ぶ ⑧心の中の太陽 ⑨明日への希望 ⑩美しい青空 ⑪未来への一歩 ⑫とても楽しい

問題2 ①時間を意識する ②未来への投資 ③君はできる ④毎日感謝する ⑤無限の可能性 ⑥時間は財産 ⑦効率の追求 ⑧笑顔の魔法 ⑨負けない心 ⑩夢を追い続ける ⑪明日は新しい自分 ⑫今この瞬間を生きる

問題3 ①人生は決断の積み重ね ②限界を打破する ③自分を超える力を持つ ④変化しないことを恐れよ ⑤迅速で明確な意思決定 ⑥ブレない軸を持つ ⑦悩みを乗り越えていく ⑧日々の改善に努める ⑨下手の考え休むに似たり ⑩仲間と一緒に乗り越える ⑪諦めない心が道を開く ⑫できるまで挑戦し続ける

問題4 ①新しい一日が始まる ②時間を追いかけよう ③一瞬の価値を高める ④希望の扉を開く ⑤すべてに意味がある ⑥あるものに目を向ける ⑦謙虚さを忘れない ⑧今この瞬間に最善を尽くす ⑨正しい努力は報われる ⑩成功への階段をのぼる ⑪時間をマネジメントする ⑫人生が劇的に好転する

問題5 ①瞬間を大切にする ②未来は明るい ③挑戦は成長だ ④希望を失わない ⑤成功のための道 ⑥仲間と実践する ⑦一歩ずつ進む ⑧一日一歩確実に ⑨点と点をつなぐ ⑩逆境に立ち向かう

問題6 ①ピンチはチャンス ②夢を実現す

る　③直感にしたがう　④優先順位を決める　⑤時間を味方にする　⑥正しい選択をする　⑦創造力を働かせる　⑧迷わずに実行する　⑨失敗する度に立ち上がれ　⑩どんな困難も乗り越える

問題7　①人生は冒険である　②勇気を出して進む　③起死回生のチャンス　④未来をつくるのは今だ　⑤今日を最良に生きる　⑥自分の可能性を信じる　⑦常に前向きな選択をする　⑧挑戦する勇気を持つ　⑨心の輝きを大切にする　⑩人は変わることができる

問題8　①時間は最も公平なもの　②有限の時間をどう使うか　③自分の能力に限界はない　④成長は快適ゾーンの外に　⑤今日の努力が明日の成功　⑥メンターを見つけよう　⑦理想は具体的に描く　⑧過去は過去で未来は未来　⑨人生を最後まで楽しむ　⑩仲間と共に輝く未来へ

問題9　①マイルール　②生き方の指針　③大きな選択　④よいアイデア

問題10　①利己より利他　②損得より善悪　③安定より挑戦　④他責より自責

問題11　①毎日が幸せ　②じかんじゅつ　③プライスレス　④ありがとう

問題12　①集中する　②たのしい　③早起き　④プラス思考

問題13　①読書は心の栄養　②新しい挑戦　③継続は力なり　④視野を広げる

問題14　①幸せなタイパ　②毎日が新しいチャンス　③君にしかできない　④失敗は宝物

問題15　①成功のための習慣　②思考は現実化する　③自分を乗り越えろ　④目標を高く持つ

問題16　①人々のために行動する　②長期的なビジョン　③信念を持ち続ける　④人との関わりを大切に

問題17 イメージ力を鍛える
文章の情景を頭に思い浮かべよう

①早起きすると、
いいことがある。

②自分自身の
直感にしたがって、
決める。

③まだ
誰もやっていないことに
チャレンジする。

④迷わず行動を起こせば
道は開ける。

問題18

イメージ力を鍛える

文章の情景を頭に思い浮かべよう

⑤瞬時に答えれば
迷ったり悩んだりする
時間はぐんと減る。

⑥迷うような場面で
考える隙を与えないために
ルールを決めておく。

⑦軸というのは
自分の価値観や信条など
思考の土台になるもの。

⑧論理的に考える前に
感情にしたがって
判断する。

問題19 イメージ力を鍛える

文章の情景を頭に思い浮かべよう

⑨運動しながらほかの作業を
並行してやるのは
健康にも
脳の活性化にもよい。

⑩瞬読で
脳の情報処理速度を
上げれば
倍速で作業が可能になる。

⑪時間も場所も選ばず
自分の知りたい情報を
音源で聴く。

⑫その日できなかったことは
「やらなくてもいいこと」だ。

問題20 イメージ力を鍛える

文章の情景を頭に思い浮かべよう

⑬「やらなくてもいいこと」は
バッサリと切り離す
勇気を持つ。

⑭こだわりを持たない
人生を選べば
数十倍も数百倍も
ラクになる。

⑮しようと決めた瞬間
作業をするための時間を
確保しようと
スイッチが入る。

⑯日々の決断の数を減らし
重要な決断に使う時間と
エネルギーを確保する。

人生が劇的に変わる「瞬読式」時間術

著　者——山中恵美子（やまなか・えみこ）

発行者——押鐘太陽

発行所——株式会社三笠書房

〒102-0072 東京都千代田区飯田橋3-3-1
電話：(03)5226-5734（営業部）
：(03)5226-5731（編集部）
https://www.mikasashobo.co.jp

印　刷——誠宏印刷

製　本——若林製本工場

ISBN978-4-8379-2966-6 C0030